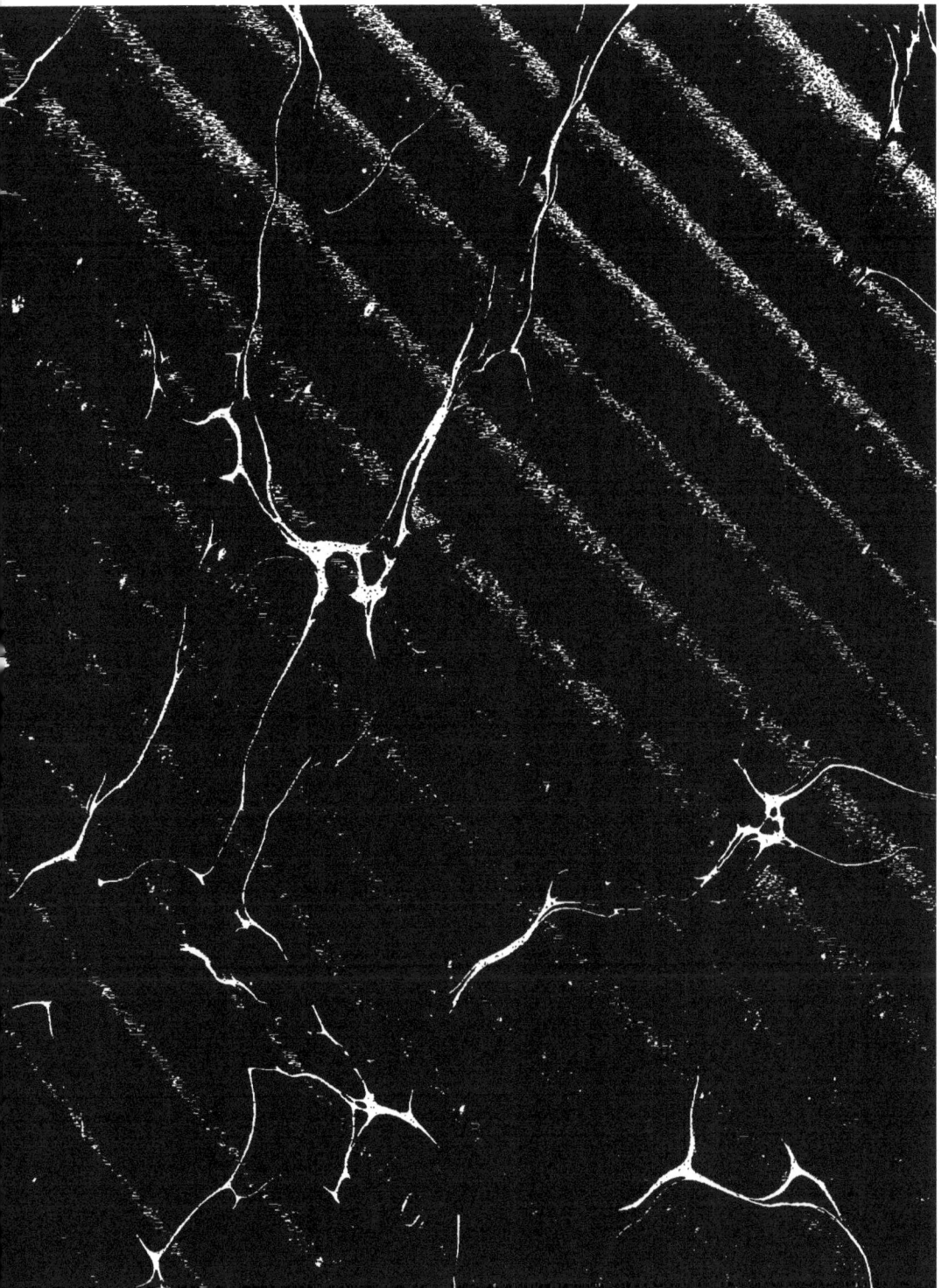

LA
CRÉATION

OUVRAGES DE EDGAR QUINET

ŒUVRES COMPLÈTES. — 10 volumes grand format in-8°, 50 francs. Format in-18, 25 francs. — Pagnerre, éditeur, rue de Seine, 18.

TOME I. — Génie des religions, 5ᵉ éd. — Origine des dieux, 3ᵉ éd.

TOME II. — Les Jésuites, 9ᵉ éd. — L'Ultramontanisme, 4ᵉ éd. — Philosophie de l'histoire de l'humanité, 4ᵉ éd. — Essai sur les œuvres de Herder, 4ᵉ éd.

TOME III. — Le Christianisme et la Révolution française, 4ᵉ éd. — Examen de la vie de Jésus-Christ, 4ᵉ éd. — Philosophie de l'histoire de France, 4ᵉ éd.

TOME IV. — Les Révolutions d'Italie, 4ᵉ éd.

TOME V. — Marnix de Sainte-Aldégonde. Fondation de la République des Provinces-Unies, 4ᵉ éd. — La Grèce moderne, 3ᵉ éd.

TOME VI. — Les Roumains, 3ᵉ éd. — Allemagne et Italie, 3ᵉ éd. — Mélanges, 3ᵉ édition.

TOME VII. — Ahasvérus, 4ᵉ éd.

TOME VIII. — Prométhée, 3ᵉ éd. — Napoléon, 3ᵉ éd. — Les Esclaves, 3ᵉ éd.

TOME IX. Mes vacances en Espagne, 3ᵉ éd. — Histoire de la poésie, 3ᵉ éd. — Épopées françaises inédites du XIIᵉ siècle, 3ᵉ éd.

TOME X. — Histoire de mes idées, 2ᵉ éd. — 1815 et 1840. — Avertissement au pays. — La France et la Sainte-Alliance. — OEuvres diverses, 3ᵉ éd.

MERLIN L'ENCHANTEUR. — 2 vol. in-8, 15 francs. — Michel Lévy frères, éditeurs, rue Vivienne, 2 bis.

HISTOIRE DE LA CAMPAGNE DE 1815. — 3ᵉ éd. 1 vol. in-8, 7 fr. 50. — Michel Lévy frères, éditeurs, rue Vivienne, 2 bis.

POLOGNE ET ROME. — In-8. — Dentu, libraire-éditeur, Palais-Royal.

LA RÉVOLUTION. — 2 forts vol. in-8, 5ᵉ éd., 15 fr. — 2 forts vol. in-18, 5ᵉ éd., 7 f. — Librairie internationale, Paris.

ŒUVRES POLITIQUES. — 2 vol. grand in-18, 7 fr. — Bruxelles, A Lacroix et Cᵉ.

CRITIQUE DE LA RÉVOLUTION. — 1 fr. — Librairie internationale. Paris.

FRANCE ET ALLEMAGNE. — In-18, 1 fr. — Librairie internationale. Paris.

FRANCE ET ITALIE. — In-8.

LA RÉVOLUTION RELIGIEUSE AU XIXᵉ SIÈCLE. — 1 vol. in-8, 1 fr. — Bruxelles, Lacroix et Cᵉ.

L'EXPÉDITION DU MEXIQUE. — In-18, 1 fr.

IDÉES SUR LA PHILOSOPHIE DE L'HISTOIRE DE L'HUMANITÉ, par Herder. — Trad. E. Quinet. 3 vol. in-8. Levrault, éditeur.

LE RÉVEIL D'UN GRAND PEUPLE. — Le Chevalier, éditeur, 61, rue de Richelieu.

Ouvrage de Mᵐᵉ Edgar Quinet.

MÉMOIRES D'EXIL (Bruxelles, Oberland). 1 vol. in-18, 3 fr. 30. — Librairie internationale. Paris, 15, boulevard Montmartre. A. Lacroix, Verboeckhoven et Cᵉ.

Imprimerie L. Toinon et Cie, à Saint-Germain.

LA
CRÉATION

PAR

EDGAR QUINET

TOME PREMIER

PARIS

LIBRAIRIE INTERNATIONALE

15, BOULEVARD MONTMARTRE

A. LACROIX, VERBOECKHOVEN ET C⁰

Éditeurs à Bruxelles, à Leipzig, à Livourne

—

1870

Tous droits de traduction et de reproduction réservés.

PRÉFACE

J'avoue que je me propose ici un grand but. J'entreprends de faire entrer la révolution contemporaine de l'histoire naturelle dans le domaine général de l'esprit humain; c'est-à-dire, d'établir les rapports de la conception nouvelle de la nature avec l'histoire, les arts, les langues, les lettres, l'économie sociale et la philosophie.

On lira toujours, à cause de leurs beautés immortelles, les œuvres de Bernardin de Saint-Pierre, de Chateaubriand, de Fénelon. Pourtant, au point de vue de la réalité scientifique, ils sont presque aussi anciens que ceux de Cicéron et de Lucrèce.

Est-il possible que certains naturalistes, tout

en écrivant en tête de leurs ouvrages, ce mot, Histoire naturelle, n'aient pas soupçonné qu'il doit y avoir un lien entre leur science et l'histoire universelle ?

C'est ce lien que je veux établir.

Au XVIIIe siècle, les idées de Galilée, de Newton ont été transportées dans un autre ordre de choses que celui où ces grands hommes les avaient enfermées. Elles ont éclairé une foule d'autres questions.

Il doit en être aujourd'hui de même des vérités zoologiques, proclamées de notre temps. Elles auront leur retentissement dans les domaines qui leur semblent encore le plus étrangers. La vérité, partie du centre, arrivera à la circonférence.

Pour moi, il m'a semblé que, dans la voie féconde, réservée à notre temps, il s'agit de découvrir les points de relation entre le domaine des sciences naturelles et celui des sciences historiques, morales, littéraires. De là, cet ouvrage.

A peine eus-je mis le pied sur les confins encore inexplorés de ces deux mondes, je fus surpris de la quantité d'idées et de rapports nouveaux qui s'offrirent à moi. Je dus en écarter d'abord un grand nombre ; car, à chaque pas, éclataient une multitude de consonnances et d'accords de tous genres entre des vérités d'ordres différents, qui n'avaient pas encore été rapprochées les unes des autres.

Depuis cette heure qui fut, pour moi, une heure de rajeunissement, tout me parut nouveau dans le passé et le présent. Cette vieille terre me sembla elle-même toute nouvelle. J'étais étonné que les vérités, que j'avais côtoyées mille fois dans ma vie, eussent tardé si longtemps à m'apparaître ; j'en avais auparavant goûté le parfum, mais seulement comme on respire l'odeur des fleurs, sans les voir, dans le massif d'une forêt.

Enfin, ce qui avait été instinct, pressentiment, devint lumière et vérité.

En même temps, je trouvais, dans un autre ordre d'idées, la confirmation de ce que j'avais pensé et écrit sur des matières différentes.

Les fils que j'avais suivis à d'autres époques de ma vie, aboutissaient tous à une même synthèse. Ils m'avaient conduit lentement, mais sûrement, au point où d'autres venaient se réunir, en partant des trois règnes.

La nature s'expliquait par l'histoire, l'histoire par la nature. Toutes deux s'harmonisaient dans un même tissu.

Je compris alors quel sentiment obscur m'avait retenu si longtemps dans l'étude des choses humaines; je m'expliquai ma curiosité des arts, des lettres, des philosophies et de tout le passé du genre humain.

Je vis que ces surfaces cachent des profondeurs; que les vérités humaines enveloppent des vérités naturelles; que les lois des empires révèlent les lois des êtres organisés. La grande unité m'apparut qui met la paix en toutes choses.

Je compris ce qui m'avait séduit dans la contemplation de l'abîme du passé; l'abîme se remplit de lumières, le vide se combla de vérités.

Dès lors, aussi, toute douleur s'amortit pour moi. J'avais commencé cet ouvrage en plein deuil; je l'achevai en pleine joie; et, dans l'intervalle, aucun des traits qui pouvaient m'être les plus cruels, ne put me transpercer. Je m'aperçus que je m'étais fait une armure. Et pourquoi non? L'insecte aussi se fait la sienne.

Ici est le seuil de la cité universelle qu'il ne

dépend de personne de m'enlever. Entrons y sans défiance. Quand tout m'a été arraché, les grands espoirs ont commencé pour moi. Oh! combien doit être douce la patrie que se sont faite en commun les esprits immortels qui ont trouvé ou seulement entrevu un rayon de vérité nouvelle! C'est là qu'il ferait bon habiter avec ses frères.

Puisse d'abord cette paix, trouvée à la source des choses, se communiquer au lecteur! Notre siècle, dit-on, a besoin de se retremper dans des eaux vives. J'ai cru (et tout autre genre d'action m'avait été enlevé), j'ai cru que le meilleur moyen de le servir était de puiser des vérités nouvelles dans les faits nouveaux que l'expérience a révélés.

L'abeille prépare la nourriture de la larve longtemps avant que celle-ci songe à éclore. Nous aussi, préparons la nourriture du monde nouveau avant qu'il s'éveille.

La vie n'a de prix qu'aussi longtemps que l'on peut faire un pas en avant, agrandir son horizon, s'augmenter soi-même.

Qui se copie, s'efface; qui ne se renouvelle pas, se meurt.

Je ne me sépare pas des choses dont je me suis occupé toute ma vie. Je les étends, je les développe, je les confirme; je les suis, de degrés en degrés, aussi loin qu'elles m'apparaissent.

Défendrez-vous au germe de s'épanouir? Condamnerez-vous la fleur à ne jamais faire que fleurir? Ne pourra-t-elle plus se métamorphoser en fruit? Empêcherez-vous le fruit de mûrir après la floraison?

Ce livre est le fruit mûr de ma vie. Le voici. Jugez-moi par le fruit.

E. Quinet.

Veytaux. Suisse. Février 1869.

LA

CRÉATION

LA CRÉATION

LIVRE PREMIER.

L'ESPRIT NOUVEAU DANS LES SCIENCES DE LA NATURE.

CHAPITRE PREMIER.

HISTOIRE DES ALPES. — PREMIÈRES IMPRESSIONS DES AGES GÉOLOGIQUES.

Quand j'arrivai en Suisse, il y a dix ans, dans le petit village que j'habite depuis ce temps-là, j'étais profondément séparé du monde. Au lieu de m'enterrer vivant dans une stérile lamentation que je savais sans écho, je cherchai quelque objet qui pût occuper mon esprit et remplir l'abîme qui s'était ouvert devant moi. Quel pouvait être cet objet ? Je le cherchai et le trouvai au même moment. Il m'enveloppait de toutes parts ; je n'eus qu'à regarder et à me laisser instruire. Je sentais en moi des forces encore vives ; mais à quoi les appliquer? Mes instruments avaient été brisés ; fallait-il donc me réduire à l'inertie ? L'homme se dérobait à moi, je me vis forcé d'embrasser la nature. Elle venait à moi, elle m'invitait à la comprendre(1). Comment l'aborder? Je rapportais de mon séjour en Belgique, quelques vues ébauchées. Le moment était venu de les suivre et de les développer.

J'avoue que le premier séjour dans les hautes Alpes me jeta dans une sorte de stupeur ; elles m'accablèrent, et qu'il m'a fallu de temps pour me familiariser avec elles ! Quand je les touchai pour la première fois à certaines hauteurs, à la

---

(1) Il est presque impossible d'habiter la Suisse sans que l'histoire naturelle s'offre à vous de tous côtés. Parmi les ouvrages les plus importants et récents des naturalistes suisses que j'ai eus le plus souvent sous les yeux, je citerai d'abord, pour y revenir plus loin, les livres suivants : *Traité de Paléontologie*, par F. J. Pictet, — *Géographie botanique raisonnée*, par Alphonse de Candolle, — *Recherches géologiques dans les parties de la Savoie, du Piémont et de la Suisse voisines du Mont-Blanc*, par Alphonse Favre, — *Die Urwelt der Schweiz*, von Dr Oswald Heer.

Wengern-Alp, au Saint-Gothard, je crus être jeté sur une autre planète. Cet horizon me semblait au delà des facultés humaines; j'eus besoin de faire effort sur moi pour m'accoutumer à ces sublimités; elles m'écrasaient comme certaines paroles de la Bible, elles me remplissaient d'une horreur sacrée. Voilà ma première impression.

La seconde fut bien différente. Dès que je pus réfléchir, je m'aperçus que ces sommets, ces pics, au milieu desquels j'allais vivre désormais, avaient chacun sa biographie. La description ne suffisait plus ; on cherchait les origines, les époques, les âges, la grandeur, la décadence de ces colosses qui m'avaient d'abord paru immuables. C'est là le point de vue actuel, celui qui me revenait de tous côtés, et hors duquel la plus belle vision est stérile.

Qu'était-ce que cela, si ce n'est une histoire? J'étais environné non pas de blocs inertes qui n'avaient rien à me dire, mais d'un groupe de géants qui avaient chacun ses annales et ses vicissitudes. Ils rentraient dans le domaine des sciences historiques. N'en suivaient-ils pas, eux aussi, les lois? C'est là ce que je me demandai avant toute autre question. Je compris dès lors qu'en m'attachant à la connaissance des révolutions du globe, je ne sortais pas du sujet ordinaire de mes travaux, je l'étendais. Une fois cette conviction formée dans mon esprit, je vis se dresser devant moi une foule de problèmes nouveaux.

Si la géologie est avant tout une histoire, elle doit reproduire les lois les plus générales de l'histoire. Par là, je commençais à entrevoir des points communs entre les révolutions du globe et les révolutions du genre humain, comme si elles appartenaient les unes et les autres à un même plan qui se déploie d'âge en âge. En même temps, il me parut que c'était là un champ ouvert où personne n'avait encore posé le pied ; à mesure que j'avançai, je fus étonné de la foule de rapports qui naissaient d'eux-mêmes entre des sciences que l'on a toujours séparées et qui pourtant portent le même nom : histoire naturelle, histoire civile. Je crus entrevoir que l'une pouvait éclairer l'autre dans la plupart des cas.

Une fois dans cette voie, ce qui m'intéressait dans les colosses de pierre au milieu desquels je vivais et qui furent longtemps notre seule compagnie, ce n'était pas seulement le spectacle qu'ils m'offraient chaque jour ; c'était bien moins leur présent que leur passé. S'ils étaient les temples de l'esprit, *templaque mentis*, j'en voulus voir les fondements sacrés. Je voulus savoir surtout d'où ils venaient, comment ils avaient pris cette figure et ce qu'ils avaient à me dire des temps dont ils sont les seuls témoins.

J'interrogeai les géologues, ils me répondirent. Je vis par eux les pics des Alpes, d'abord noyés sous des mers primitives, soulever leurs fronts chauves hors des eaux, former des plages rasantes, vaseuses, s'élever, monter, grandir encore, toucher les cieux, et presque aussitôt décroître par la dénudation, s'abaisser, se découronner, diminuer de la tête et bientôt de la moitié de leur hauteur. Quelle grandeur et quelle décadence ! Je ne pouvais me séparer de cette histoire. Qu'étaient-ce que les vicissitudes des empires et des royaumes en comparaison de ces annales?

J'avais longtemps gardé le préjugé que plus les montagnes sont hautes plus elles sont anciennes. Je ne me lassais pas du spectacle qui donnait à ce préjugé un démenti écrasant.

D'abord je voyais à la place des Alpes une plaine marine. Ces mers inconnues, innommées, déposaient lentement dans leurs lits, à l'insu du reste de l'univers, un épais manteau de couches sédimentaires ; puis les montagnes, en se soulevant, arrivaient au jour, emportaient ce manteau de coquilles. Elles continuaient de grandir, elles le trouaient du front, et ainsi elles dominaient de leurs têtes sereines, relativement jeunes, les plis antiques de cette vaste draperie qui s'arrêtait à leurs épaules. Le Mont-Blanc surtout avait déchiré son enveloppe. De sa tête granitoïde récente, il surplombait les assises déposées par les océans qui ont précédé son origine et l'ont couvé sous leurs flots. Je me figurais un héros qui, pour combattre, laisse tomber son manteau à ses pieds.

Combien de fois, pendant que tout me manquait dans l'ordre des choses humaines, je me suis senti fortifié par la contemplation de ces éternités debout autour de moi ! Elles n'étaient pas impassibles, comme je me les figurais autrefois. Au contraire chacune de leurs rides cachait un souvenir, et ce souvenir était un monde. Il est vrai qu'elles sont moins vieilles que je n'avais imaginé; à certains moments, elles me semblaient presque mes contemporaines, tant on les disait nouvelles. Devaient-elles pour cela m'être moins vénérables? Je les voyais surgir avant l'époque de l'apparition de l'homme comme les gradins du temple. L'édifice venait d'être achevé quand l'hôte parut.

Pics sacrés, cimes inaccessibles pour moi, qui me couvrez de votre ombre, soutenez mes pensées nées à vos pieds. Vous les avez inspirées, elles sont votre œuvre. Protégez-les, vous qui protégez le brin d'herbe dans vos vallées.

CHAPITRE II.

LE GRAND EXPLIQUÉ PAR LE PETIT.

Après avoir eu l'impression générale, je voulus considérer le détail, et par là je fus confirmé dans l'idée que les principaux efforts des naturalistes se concentrent sur des questions d'origine. Non-seulement ils rétablissaient des époques dans l'histoire des masses montagneuses; mais ils partageaient et subdivisaient à l'envi ces époques, ne laissant plus un moment de la durée sans lui rendre son caractère, sa forme, sa physionomie. Ainsi cet incommensurable passé où je ne voyais d'abord qu'un chaos pétrifié s'animait dans chacune de ses rides. J'assistais au développement de l'architecture d'un monde;

pour reconstruire sous mes yeux ces édifices tant de fois écroulés, pour leur rendre leur figure, étage par étage, quels étaient les moyens dont l'homme disposait ? Ces moyens étaient méprisables en apparence ; dans la réalité, ils étaient irrésistibles.

Ce ne sont pas en effet les grands êtres, puissants mammifères, quadrupèdes, vertébrés, qui par leurs ossuaires aident l'homme à se reconnaître au milieu des temps où il ne vivait pas encore. Les grands êtres n'ont, pour ainsi dire, rien à nous apprendre sur l'histoire de la terre, tant ils sont rares ou récents; ils en savent à peine plus que l'homme sur les époques anciennes. Ceux qui nous éclairent sur la formation des pics géants, ce ne sont pas les géants du monde organisé ; ce sont au contraire les petits, les imperceptibles, les mollusques à coquilles, qui ont le secret des montagnes. Le mastodonte, le mammouth gigantesque, n'ont rien à nous dire sur les Alpes. Consultez plutôt celui qui rampe, celui que tous les autres méprisent et foulent du pied, l'huître, le pecten, et moins encore. S'il est un être imperceptible, tel que le foraminifère, qu'il se montre. Voilà celui qui possède le secret des monts orgueilleux. Interrogez-le. C'est lui, et lui seul, qui pourra vous apprendre la naissance, la formation, l'exhaussement des sommets, comment d'immenses voûtes ont surgi sur des piliers, comment ces arcades se sont écroulées, comment elles ont laissé subsister des murailles à pic, des aiguilles, des contre-forts, premier linéament des vallées. Il a été témoin de ces histoires, il en a été une portion, il y a joué son rôle.

Voilà pour la figure des montagnes ; s'il s'agit de leur âge, qui nous le dira ? Comment saurons-nous quel sommet a surgi le premier au-dessus des eaux ? Sont-ce les Alpes ? Est-ce le Jura ? De tous les êtres rassemblés, voyons quel est celui qui possède ce secret, car il m'importe de ne plus être dupe d'un front chauve ou sourcilleux.

Je veux que les frimas entassés sur la tête des montagnes ne m'en imposent pas. Il se peut que sous ces amas de neige se cache une jeunesse relative. J'interroge tous les êtres, en commençant par les plus fiers, les plus renommés, et tous me répondent : Nous ne savons. A la fin, je ramasse sur la terre un animalcule presque invisible, un coquillage infime, en forme de lentille, auquel on a donné le nom de *nummulite* à cause de sa ressemblance avec une petite pièce de monnaie, et cet infiniment petit me répond : Moi, moi seul je connais l'âge des Alpes et celui du Jura. Je te le dirai. Les Alpes ont beau se couvrir de neiges éternelles, — c'est une vieillesse trompeuse. Le vieillard, c'est le Jura.

Et qu'en sais-tu? lui dis-je, et je mis l'imperceptible coquille à mon oreille ; la coquille murmura et me dit : Je le sais. Quand le Jura parut au jour, je n'existais pas encore, puisque aucune de mes coquilles n'a été déposée sur son front nu ; il est donc vrai qu'il m'a précédée dans le temps. Tout invisible que je suis, je forme la borne de deux mondes. Au contraire j'ai été emportée et soulevée avec les Alpes jusqu'à toucher les cieux. Tu me trouveras, si tu oses me chercher, jusque sur la pointe des principales aiguilles qui font cortége au Mont-Blanc. C'est moi qui lui ai donné mon sceau, et c'est pour attester que, malgré leurs neiges immaculées, les Alpes n'ont été faites qu'après moi, et quelques-unes par moi. J'ai fait aussi l'Himalaya jusqu'à la ceinture (1).

Une autre question semblait devoir échapper éternellement à l'esprit humain : je veux dire la hauteur des montagnes dans les anciennes époques. Qui me dira jusqu'où elles s'élevaient, si elles sont aujourd'hui à leur maximum d'altitude, ou si elles se sont déjà abaissées, et de combien ? Qui les a mesurées avant que l'homme fût au monde ? Là encore toute notre science nous vient du plus ignorant. C'est encore une fois le mollusque à coquille qui a mesuré avant nous la hauteur des colosses, Himalaya, Alpes, Cordillères. Et comment cela ? Sur quelques pics, les dépôts des mers se voient encore superposés à la dernière cime ; mais sur les pics les plus rapprochés de ceux-ci les mêmes stratifications manquent, et les pyramides ont été décapitées : c'est donc évidemment que les dépôts stratifiés ont été emportés, les sommets usés par l'érosion, la dénudation ; d'où cette conclusion forcée que les plus hautes Alpes, par exemple le Mont-

---

(1) D'Archiac et Jules Haime, *Description des Animaux fossiles du groupe nummulitique de l'Inde*, p. 175-179.

Blanc, ont déjà perdu une partie de leur hauteur, probablement la moitié.

Grâce à ces mêmes êtres inférieurs, on sait aussi qu'au commencement les Alpes formaient un épais massif qui n'était encore partagé par aucune vallée profonde. Il y avait des îlots soulevés, mais dans ces îlots point de gorges ni de découpures intérieures; c'étaient des blocs continus où ne serpentait aucun des défilés qui forment aujourd'hui le dessin et les contours de ces torses de géants. Comment a-t-on pu retrouver l'époque où ce dessin manquait encore à l'ossature des Alpes? En observant que les coquilles de l'époque tertiaire n'ont pas pénétré dans l'intérieur du massif. C'est donc que les mers ne rencontraient pas alors d'issue pour s'insinuer entre les chaînes montagneuses.

Ainsi non-seulement on retrouve l'âge, la hauteur des sommets, mais encore ce qui semblait devoir échapper le plus à la curiosité de l'homme, la forme, le dessin, la sculpture des montagnes à chaque époque de leur passé. Et que font de plus les historiens les plus minutieux quand ils recomposent les âges divers des langues, des arts, dans chaque civilisation et même dans chaque peuple? On a découvert que la forme générale d'une partie des Alpes est celle d'un gigantesque éventail. Où est la main qui a ployé et déployé cet éventail de pierre du Mont-Blanc au Mont-Rose, au Saint-Gothard, au Splugen? Je voudrais en entendre le dernier froissement.

CHAPITRE

DÉCADENCE DES ALPES.

Le moment capital de cette histoire est celui où les montagnes émergées, grossies de la dépouille de chaque mer, carbonifère, triasique, liasique, jurassique, crétacée, nummulitique, s'élevant toujours, arrivées enfin à la région des neiges, se couvrirent pour la première fois de frimas éternels en sortant d'un climat tropical. La terre n'avait encore rien vu de semblable. Le froid, la neige, la glace, qu'était-ce que cela ? Qu'était-ce que ce blanc manteau dont les Alpes avaient chargé leurs épaules ? Plus leurs têtes s'élevaient, plus elles entraient dans un monde nouveau où tout contredisait, déconcertait ce qui s'était montré dans les époques antérieures. Des sommets inaccessibles à la vie descendent des mers gelées; là où les glaciers se rencontrent, ils se superposent, s'échafaudent l'un sur l'autre. Premier moment de la décadence des Alpes.

Les pics commencèrent à s'user sous de perpétuelles tourmentes et sous des chasse-neiges. Partagées en blocs, leurs aiguilles roulent sur les nappes de glace, et celles-ci, par-dessus les lacs et les monts déjà abaissés, transportent leurs fardeaux, laissant à chaque station de leur voyage des moraines latérales et terminales jusqu'à la hauteur de 1,500 mètres. Après de longues époques, quand la température s'adoucit et qu'une partie des glaces commença de fondre, quels entassements de rochers écroulés elles entraînèrent avec elles! Comme les flancs des montagnes furent creusés, écorchés et fouillés! C'est alors que les vallées reçurent leur dessin et leurs découpures, que les torses des montagnes semblèrent se raidir, que les pics, dénudés, s'effilèrent en aiguilles, que les dents et les dentaux percèrent à travers les gorges, que le front des géants se chargea de rides.

De jeunes qu'elles étaient, les Alpes parurent

soudainement vieilles et décharnées ; en effet, la dénudation, en entraînant les parties molles, en écorchant les pentes, en diminuant les sommets, ne laissa que le squelette des Alpes de l'époque précédente. Ainsi je voyais comme une préparation à l'histoire générale du dessin et de la sculpture dans l'histoire des Alpes. Ces masses se profilaient peu à peu sous mes yeux comme entre les mains d'un sculpteur. Chaque moment de son œuvre m'apparaissait en son entier. A la fin, après l'époque glaciaire et diluvienne, j'aperçus dans l'atelier un colossal torse du Belvédère mutilé et sublime.

J'ai pu jouir à mon aise du spectacle des ruines de la nature pendant le séjour que j'ai fait dans les Alpes vaudoises, aux Plans de Fresnière (1). Que sont toutes les ruines de Palmyre et de Babylone auprès de celles-là? Le pic de l'Argentine et celui du Grand-Muveran forment encore les jambages contournés des deux piliers sur lesquels portait l'immense voûte qui les rattachait l'un à l'autre pendant l'époque du monde tertiaire. Qu'est devenue cette arcade

(1) Dans le chalet de mon ami, M. Bergeron.

gigantesque? où est ce dôme de l'un des palais de la création? Le dôme s'est écroulé pierre à pierre, et les débris ont rempli la vallée ; ils forment aujourd'hui des piédestaux mousseux sur lesquels croissent les sapins, qui, n'y trouvant presque aucune terre végétale, vivent d'air et de lumière. La rivière torrentueuse de l'Avançon court à travers ces ruines. C'est un enfant en colère près de son berceau ; il se mutine en vain, il ne peut ébranler les blocs énormes qui se jouent de son impuissance et de ses clameurs.

La montagne qui est le plus près s'appelle le Cheval-Blanc, parce que ses rochers figurent la tête, le cou, l'encolure, la longue échine d'un cheval gigantesque. En escaladant le ciel, il s'est abattu dans l'épaisseur des bois. Au delà de ce premier bas-relief alpestre s'élève toute droite la haute muraille lézardée du Grand-Muveran. Elle ferme le fond d'un cirque jonché partout de quartiers de rochers qui de siècle en siècle ont roulé de ses cimes. Je me disais que le jour viendra où la masse entière sera précipitée en dolmens naturels. Rien ne restera debout des fiers sommets, l'homme pourra douter qu'ils aient jamais existé. Il niera alors l'existence des Alpes; elles ne seront plus qu'une légende dans la mémoire d'une postérité inconnue.

Il semble que cette éternité qui s'écroule pierre à pierre devrait effrayer la pensée de l'homme; la nature qui se dégrade, n'est-ce pas là un terrible *memento mori* pour celui qui habite ces solitudes? Je ne pouvais d'abord y placer en esprit que des chartreux occupés de creuser leur fosse dans cette fosse alpestre. Je m'attendais à rencontrer le spectre de saint Bruno derrière chaque roc décharné; mais, au milieu des fleurs, je m'accoutumai bien vite à ce spectacle de la mort d'un monde. Qui en effet se soucie aujourd'hui de ces monts décapités? Qui pense à ces cirques renversés, à la menace de ces murailles fendillées? L'impression des ruines de la nature n'a rien de triste quand l'homme y mêle ses travaux champêtres. Elle a de quoi se réparer quand elle voudra, et l'on aime à voir l'homme survivre à l'univers aveugle. Quelquefois un bloc colossal, antédiluvien, s'arrête dans sa chute à la porte d'un petit chalet : image du chaos qui expire au seuil de la demeure et de la pensée de l'homme ! Une chèvre escalade le bloc immense, et précède le berger dans la tiède bergerie.

Je voulus me donner le plaisir d'assister aux soulèvements des Alpes, ou du moins d'en marquer le moment solennel, et je m'assurai que ma curiosité sur ce point pouvait aussi être satisfaite. Les géologues me montrèrent que les flancs des Alpes étaient enveloppés de couches sédimentaires qui avaient dû originairement être horizontales comme les flots où elles s'étaient déposées ; tout au contraire elles avaient pris au penchant des monts une position presque verticale. Il fallut bien reconnaître qu'elles avaient été redressées en même temps que les Alpes, et que la draperie s'était modelée sur le corps. De plus on me fit voir que les couches étaient formées en partie de coquilles qui appartenaient au tertiaire moyen. La conclusion à laquelle je ne pouvais me soustraire était que le soulèvement général avait eu lieu après cette époque, et qu'il datait ainsi des derniers temps tertiaires.

Cette méthode de chronologie m'ouvrait ainsi à chaque moment des horizons imprévus ; je la comparais à la méthode des historiens. Je me demandais si, dans les événements humains de la haute antiquité, il en était beaucoup qui pussent être classés avec autant de certitude. A cette science toute nouvelle des révolutions terrestres, j'aurais voulu emprunter sa marche si assurée ; d'autre part l'imagination que les savants portent dans leur science m'étonnait jusqu'au vertige, quand, en les suivant, je voyais par leurs yeux ces mêmes Alpes disparaître à certaines périodes, redescendre au fond des mers comme des plongeurs, remonter encore à la surface, et rapporter du gouffre la matière amollie de nouveaux sédiments.

Je ne savais d'abord si c'était là un jeu auquel je pusse me confier ; mais peu à peu, moi aussi, je me familiarisai avec ces jeux de l'abîme. Au lieu de me croire entouré de masses inertes, immuables, sans signification ni rapport avec le temps, je compris que je pouvais à mon tour évoquer ou effacer les cimes alpestres suivant les époques où je voulais me replacer en esprit. Depuis ce jour, elles m'apparurent comme des chronomètres témoins des éternités disparues. Je ne me lassais pas de les interroger, de les faire surgir à chaque moment du passé, tantôt rampantes, tantôt à mi-corps, ou renversées, ou debout, et dans chacune de ces attitudes je retrouvais la date d'un certain moment du monde.

Dès lors je cessai d'être seul, ou plutôt je me vis dans une compagnie qui me donnait l'impression des éternités passées et futures. Ces grands témoins ne parlaient pas, il est vrai, et c'est le seul reproche que j'avais à leur faire; mais n'est-ce point parler que de révéler ce que je désirais tant connaître? n'est-ce point parler que de compter une à une les époques écoulées? A mon appel, quelques-uns de ces pics surgissaient par-dessus les autres, comme le fantôme agrandi de Samuel, et racontaient les empires souterrains du chaos.

CHAPITRE IV.

COMMENT LES MONTAGNES RÉFUTENT LES DIEUX OISIFS D'ÉPICURE. — EN QUOI LES MÉTHODES GÉOLOGIQUES PEUVENT SERVIR AUX HISTORIENS.

Quand je lisais les philosophes du dernier siècle, et qu'ils me parlaient de cette *éternité d'oisiveté* qui a précédé l'homme sur la terre, j'étais souvent embarrassé de répondre. Je ne savais comment remplir les jours et les siècles où je n'avais pas vécu. Un Dieu éternellement oisif répugnait à ma raison, et pourtant je ne pouvais montrer ses œuvres. Quelle lumière s'est faite à mes yeux ! Je vois, je touche dans la série des êtres accumulés en couches profondes les travaux et les jours de ces âges que je ne peux dénombrer. Comme chaque instant a été occupé et rempli ! Comme les témoins se pressent pour attester le travail, l'enfantement, l'activité laborieuse, infatigable de ces temps que l'on me disait vides et déserts ! Le pecten que je ramassais hier dans le rocher de Chillon réfute mieux que je ne savais faire les dieux oisifs d'Épicure.

Avant d'avoir jeté les yeux sur ces mondes antérieurs, j'étais comme un homme qui ne connaît que l'histoire de son village depuis que son père s'y est établi. Tout le passé du genre humain lui est fermé ; il est égaré dans le présent, sans avoir aucune idée de la route par laquelle il y est arrivé. Aujourd'hui je ressemble à ce même homme devant lequel vient de se dérouler l'histoire universelle des modernes, du moyen âge, des Romains, des Grecs, des Orientaux ; j'ai retrouvé mes liens d'origine non-seulement avec le genre humain, mais avec le monde lui-même.

Dans la société des Alpes se découvraient à moi une chronologie, un art supérieur de vérifier les dates, une critique, qui m'offraient l'équivalent et la confirmation de ce que j'ai rencontré toute ma vie dans l'histoire. Je ne tardai pas à voir que ces rapports ne doivent pas se borner à ces similitudes, mais qu'ils peuvent être conduits beaucoup plus loin, et devenir comme une méthode de découvertes. Dès lors je me décidai à aller jusqu'au bout dans ce chemin qui s'offrait à moi.

Quand, par exemple, je m'assurai pour la première fois de cette vérité, que « jamais dans les Alpes ni ailleurs il n'y eut deux couches semblables, » cette proposition me frappa. Je vis bien que je rencontrais là une vérité non-seulement géologique, mais universelle. Eh quoi! pas une de ces générations de pierres entassées l'une sur l'autre ne se ressemble ni ne se répète? Le temps ne refait pas deux fois la même roche. Il ne revient jamais sur ses pas, même dans les œuvres sourdes, inanimées, qu'il dérobe aux yeux sous l'épaisseur des montagnes. Je me dis que j'aurais pu deviner cette vérité souterraine, qu'elle s'était offerte cent fois à moi à la clarté du soleil, dans le spectacle des générations humaines. N'avais-je pas vu les assises du monde civil se superposer, les peuples, les états, les arts se succéder sans jamais se répéter d'une manière identique? Il y avait donc un fil qui pouvait me conduire de la nature à l'homme, et me ramener de l'homme à la nature. En ce moment, la lumière semblait m'arriver de tous côtés. Je me mis à suivre ce rayon, bien décidé à voir où il me conduirait.

La nouvelle histoire des êtres sera de notre temps ce qu'a été à la renaissance la découverte du mouvement de la terre autour du soleil. Cette idée se fera sentir en toutes choses, elle entrera dans chacune des pensées humaines. L'ordre et la paix des intelligences renaîtront de cet ordre si visible dans le passé. En voyant une préparation si constante, un plan si soutenu, des fondements si vastes, un si grand ordre dans l'éternité passée, l'homme prendra confiance dans l'éternité future. Il cessera de la craindre.

CHAPITRE V.

UNE HEURE DE TROUBLE DANS LA SCIENCE. — L'ESPRIT DE CRITIQUE APPLIQUÉ A LA CHRONOLOGIE DE LA TERRE.

Comment ne pas admirer les efforts de l'esprit pour restaurer avec l'édifice écroulé des montagnes, à tel moment donné du temps, le dessin de ces voûtes gigantesques dont les arcs se correspondent, les unes rentrant sous la terre et serpentant dans l'intérieur du globe, les autres s'élevant en dômes à des hauteurs énormes au-dessus de l'altitude actuelle des Alpes ? Qu'est-ce que la restauration des terrasses de Babylone, de Ninive ou des coupoles de Ctésiphon à côté de la restauration de l'architecture du Mont-Blanc, des Aiguilles-Rouges ou de la Dent du Midi ?

Cependant il y eut un moment de vertige dans la science, lorsque les couches bouleversées des Alpes de Maurienne parurent donner un démenti à toutes les lois établies par la paléontologie. On rencontrait dans le terrain houiller ou plutôt anthracifère des animaux fossiles qui appartenaient à toute une autre époque du monde. Les étages que l'on avait si exactement distingués partout ailleurs étaient là confondus l'un avec l'autre. Les différentes mers entre lesquelles on avait partagé les époques du globe parurent rentrer l'une dans l'autre, mêler, brouiller leurs flots, au point que toute chronologie disparut. Les plantes, les mollusques, les flores et les faunes qui avaient servi à marquer la différence des âges, se trouvant pêle-mêle dans la même région, achevaient de déconcerter l'esprit, de ruiner l'échafaudage des ères et des époques élevé avec tant d'efforts depuis un quart de siècle.

Les sciences les plus positives ont donc, elles aussi, leurs instants de trouble où elles semblent se détruire de leurs propres mains? Si le fil chronologique qui nous guide à travers les temps historiques venait à se rompre subitement, si tout se confondait à nos yeux dans un même moment, empire d'Assyrie, Rome antique, Grèce, moyen âge, renaissance, Égypte des Pharaons, sans qu'il nous fût possible de les distinguer par aucun trait certain, nous comprendrions ce que durent éprouver quelques géologues en se sentant égarés au milieu de la succession des âges géologiques. Le fil conducteur auquel ils étaient accoutumés leur échappait, la meilleure partie de leur science s'en allait en fumée. Les Alpes les réfutaient, et comment contredire de tels docteurs? Tout était donc à recommencer.

Là aussi, on vit que la science la plus positive ne peut se passer d'une certaine foi. Quelques géologues, bien rares (1), eurent foi dans les lois

---

(1) Voyez Alphonse Favre, *Recherches géologiques dans les parties de la Savoie, du Piémont et de la Suisse voisines du Mont-Blanc*, t. III, p. 359, 360, 366.

L'ouvrage de M. Alphonse Favre contient plusieurs ouvrages et comme plusieurs couches successives : explorations personnelles, exposés théoriques, voyages géologiques qui ont tout l'intérêt d'une suite d'ascensions sur les plus hautes cimes. L'expérience vient ainsi continuellement contrôler sur les lieux la théorie, et la théorie solliciter l'expérience. C'est un enseignement de géologie précédemment établies sur la succession des êtres organisés. En dépit des apparences, ils ne se laissèrent pas déconcerter par une exception, si grande qu'elle pût être. « Je le crois parce que vous l'avez vu, répétait Lyell ; mais, si je l'eusse vu moi-même, je ne le croirais pas. »

Persuadés que ce qui se voyait dans le reste du monde s'était passé aussi dans la vallée de la Maurienne, ces naturalistes finirent, à force de constance, par découvrir que les époques qui semblaient confondues dans la Maurienne ne l'étaient qu'en apparence, que dans les convulsions du globe certaines pages avaient été brouillées dans les Alpes de Savoie, que chacune n'en portait pas moins une date particulière, qu'il s'agissait seulement de les replacer à leur ordre. Les océans n'avaient pas été mêlés ; mais plus tard, dans l'émersion, les couches avaient été

---

dans un voyage de découvertes en pleine nature alpestre. Je ne sais si l'on a assez mis en lumière la quantité extraordinaire de faits accumulés qui sont dus à l'auteur. Un travail de près de trente années était seul capable de fournir cette masse d'observations et d'explorations nouvelles. A véritablement parler, cet ouvrage est un monument élevé au Mont-Blanc, il ne pouvait être exécuté que dans la patrie de Saussure.

bouleversées, pliées, repliées, de telle sorte que la vallée était devenue le sommet, et le sommet la vallée. Ainsi la foi, aidée de la critique, redressait les montagnes.

Singulier exemple de l'esprit de critique appliqué aux masses alpestres! Si les pages, les alinéas, les chapitres, les sections d'un ancien livre étaient brouillés, quel art ne faudrait-il pas pour en rétablir la série et l'ordonnance! C'est ce que faisaient, au xvie siècle, les Scaliger, les Casaubon, pour les manuscrits grecs et latins. De nos jours, il y a des Scaliger et des Casaubon qui remettent à leur place les feuilles et les chapitres brouillés du livre du globe. Pendant trente-cinq ans, les géologues restèrent confondus à la vue des couches carbonifères de la Maurienne; on venait, disait-on, d'y découvrir des bélemnites (1). Autant vaudrait dire que l'on a trouvé une page de celtique ou de germanique dans le *Zend-Avesta*. Quel émoi ne serait-ce pas parmi les philologues et les érudits! Le texte original semblait au

---

(1) Groupe de coquilles fossiles qui ont la forme d'un doigt, d'une flèche, d'un fer de lance.

moins altéré d'une manière irréparable ; cependant on est parvenu à redresser les couches dans leur position première, à corriger le texte altéré, ou, pour mieux dire, faussé par une surprise des temps géologiques qui ont suivi.

CHAPITRE VI.

CE QUE LA NATURE A DE NOUVEAU A DIRE A L'HOMME.
APPLICATION AUX ARTS.

C'est ainsi que je commençai à comprendre que désormais la nature a quelque chose de nouveau à dire à l'homme. Hier encore que demandions-nous aux montagnes? Des illusions, des effets de surface, un front qui se colore au coucher du soleil, un torrent qui passe, une avalanche qui roule, un Thabor qui se transfigure, un pic qui se coiffe de nuages, c'est-à-dire l'impression d'un moment, la figure du présent, auquel nous nous suspendions entre deux abîmes. Maintenant, au contraire, ce moment présent fait place à des éternités qui s'entassent sur d'autres éternités ; nous nous faisons à notre gré les contemporains des âges perdus : ils reprennent à nos yeux leurs figures. De superficielle qu'elle était, la nature se creuse pour se laisser voir en pied, de la base à la tête, depuis l'origine des choses. Autre science, autre poésie, autre réalité, autre idéal ; je n'ai fait qu'entrevoir ici ce nouveau monde ; osons y entrer plus avant.

Hier encore la face de la terre me paraissait immuable. Je retrouvais le même paysage que nos pères avaient vu. Sur cette surface uniforme, l'homme seul changeait, d'autant plus éphémère que tout le reste était plus fixe et plus invariable. C'était là le fond de la poésie comme de la philosophie. Aujourd'hui, quel horizon vient de se montrer! Quel porte magique s'est entr'ouverte tout à coup! Au delà du seuil du monde actuel, par delà cette première superficie, spectacle jeté en pâture à la curiosité humaine, j'aperçois, se déroulant à mon gré, comme les cercles de Dante, une suite de paysages qui s'enchaînent et reculent d'âge en âge dans une perspective indéfinie. Quand viendront leurs Claude Lorrain, leurs Ruysdaël et leurs Poussin? Le monde de nos jours n'est plus que le premier plan de ces paysages, de ces lointains qui se découvrent à moi, quelque nom qu'on leur donne, pour marquer un fond qui fuit toujours, quaternaire, tertiaire, jurassique, liasique, triasique, houiller, silurien, devonien. La langue hésite encore et balbutie pour peindre ces mondes révélés d'hier. Il m'est plus facile de les saisir que de les nommer. On avait toujours pressenti que la nature actuelle n'est qu'un voile qui cachait une nature plus profonde. Le voile s'est déchiré. Regardez, il cachait des infinis.

Un peintre met quelquefois sur le devant de son tableau une ruine, une rocaille, un tronc d'arbre mort, un troupeau couché de bœufs ruminants, pour faire valoir le fond qui s'éloigne en une suite de gradations aériennes; de même la nature. Nous avons été assez longtemps dupes de l'artifice. Ne nous arrêtons plus seulement à la surface du monde actuel, qui n'est que le devant du tableau. Passons au delà; voyons enfin le fond.

Et pourquoi les arts ne nous aideraient-ils pas à retrouver ce passé? Si nous voulons faire rentrer dans les arts la grande imagination créatrice, n'est-ce pas là une voie qui s'ouvre d'elle-même et invite le génie à s'y engager? Raphaël a osé peindre les prémices du globe et les continents ébauchés sous le doigt de l'Éternel, Corrège le bois sacré de Jupiter, Nicolas Poussin le déluge, Dominiquin les campagnes bibliques de Sodome. Pourquoi le peintre n'irait-il pas aujourd'hui au delà de ces horizons?

La science lui fournirait le fond, et peut-être serait-ce encore un grand moment pour les arts que celui où l'imagination, mariée à la science, rendrait la vie aux choses mortes, c'est-à-dire aux âges principaux dont se compose l'histoire de la terre. Si Michel-Ange a montré le monde à son dernier moment, dans la lueur livide du jugement dernier, pourquoi cette même puissance, l'imagination, n'évoquerait-elle pas sur la toile le monde à son berceau, dans les lueurs torrides des premiers jours? Pourquoi ne reverrait-on pas la solitude des forêts premières? Croit-on que l'épanouissement du monde floral ne dirait rien à l'artiste, et qu'il n'y aurait pas de place pour un Paul Potter au milieu des troupeaux nouvellement apparus de l'Atlantide? Croit-on que les Alpes, couronnées encore de roseaux, surgissant à peine du fond des mers et rougies pour la première fois par la lumière du soleil, seraient indignes d'exercer le pinceau d'un nouveau Claude Lorrain? Si les scènes de la Genèse ont été un des aliments de la peinture au XVIe siècle, pourquoi les scènes de la nouvelle Genèse n'inspireraient-elles pas les artistes de notre temps? On dit que les esprits languissent, que les sources anciennes sont épuisées; soit; voilà un monde nouveau qui se révèle; pourquoi n'enfanterait-il pas un art nouveau?

La sculpture et la peinture, chez les anciens et les modernes, ont agrandi le monde réel en inventant des êtres qui n'ont jamais pu exister. Pense-t-on que les sphinx des Égyptiens accroupis sur le sable, les centaures, les faunes, les satyres des Grecs, les griffons, moitié hindous, moitié perses, les goules du moyen âge, les anges-serpents de Raphaël, ne pussent trouver d'analogues dans les êtres vivants qui ont peuplé la terre avant l'époque présente? Il me semble, au contraire, que les reptiles dinosauriens, les iguanodons, les plésiosaures, pourraient rivaliser avec les dragons à la gueule enflammée de Médée, les serpents volants avec les serpents de Laocoon, les plus anciens ruminants et les grands édentés, mylodon, mégathérium, avec les taureaux couronnés de Babel, les mammifères incertains, les mystérieux dinothériums et toxodons avec les sphinx gigantesques de Thèbes, les ichthyosaures avec les hydres d'Hercule et les harpies d'Homère, le cheval hipparion aux pieds digités avec les chevaux de Neptune ou avec le monstre de Rubens à la crinière soulevée, à la croupe colossale. J'aimerais à voir et à entendre l'ancêtre des chiens, l'amphicyon, hurler au carrefour de la création des mammifères tertiaires; je ne regretterais pas le Cerbère des enfers et ses trois gueules.

Si les artistes grecs et modernes étaient réduits à imaginer des alliances de formes impossibles, l'artiste dont je parle n'aurait, au contraire, qu'à puiser dans le monde organisé; il aurait l'avantage de trouver sous sa main des formes toutes préparées dans l'atelier de la nature; il pourrait ainsi être réaliste tout en dépassant les limites du monde actuel, ce qui semble le but suprême de l'art.

Allons plus loin On pourrait même rajeunir la mythologie pittoresque, les dieux antiques, en les plaçant dans un autre horizon pour lequel ils ont été faits, puisqu'ils sont éternels. Ils puiseraient une autre vie, toute nouvelle, dans une nature plus primordiale d'où ils sembleraient surgir. Ce serait réaliser la fable d'Antée. Tous les dieux et les déesses reprendraient leur force et leur génie en touchant le sein de leur nourrice, la terre, en sa première jeunesse. L'art antique se marierait à l'art nouveau en des lointains faits pour ces épousailles. On verrait le Jupiter aux pieds de bouc du Corrège écarter de sa puissante main les rameaux impénétrables de la première forêt de fougères arborescentes. Ce fourré de végétation primordiale, ce chaos de cycadées, d'araucarias, de sigillaires sous la voûte épaisse d'arbres sans fleurs, ne représenterait-il pas l'horreur du bois sacré d'où vient de s'élancer le jeune dieu à la recherche d'Antiope? Et n'y aurait-il pas là un certain sublime qui manquera toujours aux ormes cultivés de Parme et de Lombardie?

Autre exemple. Voici la Diane du Titien endormie; le silence des solitudes est répandu sur ses yeux assoupis et sur tous ses membres. La beauté vigoureuse du Tyrol italien se réfléchit tout entière dans chaque partie du corps de la divine dormeuse; mais ne pourrions-nous pas la transporter endormie dans un endroit plus retiré, dans une nature plus ancienne, tel qu'un ravin profond caché sous les premiers massifs des arbres à larges feuilles, ou au bord d'une mer moins fréquentée que le lac de Garde ou de Côme? Je voudrais même qu'aucune rame n'eût jamais effleuré cette mer. Le sommeil de la déesse ne serait-il pas plus serein, plus divin, si l'homme n'existait pas encore, s'il ne pouvait l'épier, si même la prière d'aucun mortel ne se glissait dans ses songes et ne l'importunait? C'est alors que ses membres vierges pourraient se reposer sur une terre vierge, avant que la volupté fût divulguée dans le monde. Sans flèches, sans arc, sans chien, elle serait défendue par la nature première.

Pour la Vénus de Lucrèce ou de Raphaël, je la ferais non pas naître, mais apparaître du fond des eaux à l'époque où les fleurs naquirent pour la première fois, et où les mamelles des mammifères se gonflèrent de lait et d'amour, car c'est le moment où elle reçut sa ceinture. J'aimerais aussi à voir le cyclope pasteur que Nicolas Poussin a peint à la cime de l'Etna garder ses troupeaux ; ce serait des chevaux marins, des cerfs gigantesques, des dinothériums, des pachydermes primitifs, des anthracothériums et des porcs de la grosseur du bœuf. Je voudrais entendre ses pipeaux au temps où la Sicile était encore jointe à l'Afrique et où un grand Nil d'eau douce abreuvait le berger et le troupeau de l'Atlas à l'Etna.

Michel-Ange a eu la vision de ces choses; ses Titans, le jour et la nuit, ouvrent l'aube des époques géologiques bien plus qu'ils n'appartiennent à une époque marquée de l'histoire humaine.

CHAPITRE VII.

L'ESPRIT HISTORIQUE APPLIQUÉ AU MONDE VÉGÉTAL.

Nous demandons aujourd'hui à chaque peuple : d'où viens-tu? quels sont tes parents, tes ancêtres? Es-tu né en ce pays, ou descends-tu d'une terre étrangère? L'histoire nous répond, et c'est ainsi que nous parvenons à comprendre l'état actuel de chaque nation. La révolution française n'a pu s'expliquer sans l'ancien régime, ni les États-Unis d'Amérique sans le puritanisme anglais, ni l'Amérique méridionale de nos jours sans l'Espagne de Philippe II et le régime colonial, ni le pape sans César, ni l'homme moderne sans l'homme du moyen âge et de la réforme. Même dans les Moldaves et les Valaques d'aujourd'hui, nous avons retrouvé les Italiens de

Trajan. Chaque événement nous renvoie à un événement antérieur.

Non-seulement nous avons cherché les ancêtres de chaque fait, mais aussi de chaque pensée. Ce qui semblait le plus capricieux, le plus spontané, poésie, philosophie, a été ramené à ces lois de développement et d'enchaînement qui sont l'esprit de suite à travers les âges. Même les rêves les plus subtils, systèmes, utopies, ombres qui passent et repassent dans l'intelligence, ont dû répondre à cette question : d'où venez-vous ? Interrogée, la famille des chimères a dû montrer ses parents et ses plus lointaines origines. Soit dans la réalité, soit dans la fiction, la loi de la génération des siècles a été la pensée constante de quiconque s'est illustré de nos jours dans l'ordre littéraire ou philosophique.

Chaque nation, fouillant ainsi son passé, se donnait pour tâche intellectuelle de retrouver ses stations successives dans le temps. C'est pour avoir établi cette solidarité entre les périodes de la vie de chaque peuple que le génie de notre temps est si éminemment historique. Ce n'est pas une curiosité vaine qui tourne l'homme de nos jours vers ses origines. Il s'est aperçu qu'il ne peut se connaître aujourd'hui qu'en se connaissant tel qu'il était hier. Le problème de Socrate, le *nosce te ipsum*, borné au présent, était insoluble. La science nouvelle a commencé en interrogeant le passé.

Qu'est-il arrivé de là? Une chose inévitable : que ce même esprit, cette même curiosité du passé, ont été transportés de l'histoire civile dans les sciences naturelles, et qu'ils tendent de plus en plus à en devenir l'âme. La méthode que l'homme s'applique aujourd'hui à lui-même, il l'applique aussi à la nature. C'est là justement la révolution qui s'accomplit dans l'esprit scientifique de nos jours.

Voulez-vous saisir d'un trait la différence des naturalistes dans les siècles précédents et des naturalistes de notre temps? Je pense qu'elle consiste en ceci : les premiers se contentaient, avec Linné et Buffon, d'étudier les êtres organisés tels qu'ils se présentaient à leurs yeux. Ils décrivaient bien plus qu'ils n'expliquaient. Quand ils avaient fait connaître une plante, un animal, tels qu'ils nous apparaissent dans l'état actuel du monde, leur tâche était remplie. De nos jours, au contraire, que de questions immenses, imprévues, soulève la moindre créature ! Quel déchaînement de curiosités, de suppositions effrénées dans notre âge qui se croit si positif ! L'histoire naturelle, qui était auparavant une description, devient pour la première fois une histoire.

Il ne nous suffit plus de connaître la famille, l'espèce de cette plante. Oh ! que nous sommes devenus plus curieux ou plus téméraires ! Nous voulons savoir encore pourquoi elle se trouve ici plutôt que là, par quelle succession d'événements elle se rencontre sur ce rocher. La curiosité des contemporains d'Homère pour les aventures de chaque étranger jeté sur le rivage, nous la ressentons pour les aventures de chaque être que le hasard nous apporte. Il n'est si pauvre graminée qui ne nous doive le récit de son odyssée à travers les cataclysmes des âges géologiques.

Depuis que nous avons l'ambition de connaître non-seulement le présent de la nature vivante, mais encore son passé, quelles annales infinies s'ouvrent devant nous ! Tout devient matière d'histoire. Chaque être a la sienne qui se perd dans un incommensurable lointain. Toute créature gagne ainsi ses quartiers de noblesse, par lesquels elle remonte à un ancêtre témoin d'une autre figure du monde. Voyez ce chêne. D'où vient-il? Nul de son espèce n'existait en Occident avant que l'Europe eût pris sa forme actuelle. Peut-être son ancêtre avait-il ses racines dans l'Atlantide de Platon, alors qu'elle unissait l'Europe à l'Amérique. Peut-être germait-il en Asie, d'où ses rejetons ont émigré en Europe quand la communication a été ouverte entre ces deux continents après le retrait de la mer qui les séparait. Quoi qu'il en soit, à la seule vue de cette branche de chêne, vous voilà replongés dans une histoire qui précède toutes les histoires.

Et il n'est pas besoin du chêne pour jeter si loin de si profondes racines. La moindre plante, la plus humble, a eu ses migrations à travers les époques antérieures : avant d'arriver sous votre main, dans ce ravin où vous la rencontrez, elle a cheminé lentement, patiemment, du fond des âges, portée par le souffle des continents qui ne sont plus. C'était d'abord une grande île où elle s'était réfugiée pendant des milliers de siècles. L'île a sombré, la mémoire s'en est éteinte; mais la fleur a survécu, elle raconte aujourd'hui les annales de tout un monde perdu.

Voyez ce brin d'herbe rampant au sommet chauve des Alpes. Qui l'a porté sur cette froide cime? Où s'est-il réfugié pendant l'époque glaciaire? Sur quelle moraine a-t-il flotté? sur quel bloc erratique? Vous voilà encore une fois rejeté, de génération en génération, de siècle en siècle, dans les plus grandes questions de la distribution première des êtres organisés.

Appliquée ainsi à l'observation de la nature, la méthode historique ouvre partout des horizons nouveaux, elle agrandit la dignité de chaque être. La généalogie que l'on dressait autrefois seulement pour les rois et les grands de la terre, il faut la faire maintenant pour chaque brin d'herbe, pour un insecte, un lis, une libellule. Que faisaient leurs ancêtres? Comment ont-ils traversé l'époque tertiaire? Comment ce lis n'a-t-il pas perdu sa robe d'argent, cette marguerite sa couronne, cette parnassie sa tunique moirée, en traversant les révolutions du globe? Comment cette libellule a-t-elle voltigé de génération en génération depuis les forêts carbonifères jusqu'à nos jours sans se froisser les ailes? Où les anémones se sont-elles abritées en Suisse pendant le soulèvement des Alpes? Comment le Mont-Blanc, en émergeant, a-t-il porté sur ses épaules ses bouquets de gentiane, d'orchis, de rhododendron, de jonquille, sans les faner? Curieuses annales qui s'entr'ouvrent dans le calice d'une fleur comme dans le fond d'un océan !

A ce point de vue, les plantes deviennent les archives du passé, inscriptions vivantes qui racontent l'histoire des révolutions englouties sous les mers primitives. Certaines plantes d'Écosse sont les mêmes que celles qui croissent sur les sommets des Alpes et du Groënland. Qu'est-ce à dire? Comment la migration a-t-elle pu se faire des cimes de l'Oberland à l'Écosse? Elles ne peuvent vivre dans la plaine. Comment donc l'ont-elles traversée? Quelle énigme! En voici la solution. La simple rencontre de ces fleurs témoigne d'événements immenses : une mer inconnue qui, roulant de l'Oural au Groënland, parsemée d'îles, portait sur ses glaces flottantes les graines et les plantes des Alpes à l'Écosse, au Groënland, au Labrador. Sous le lit de la mer du Pas de Calais s'est retrouvée une forêt de conifères implantés dans le sol.

Cette forêt dit assez que le continent et les îles britanniques étaient unis entre eux. La même bruyère et le même saxifrage croissent en Irlande, dans les Asturies et à Madère. Ne voyez-vous pas surgir aussitôt le continent qui attachait alors l'Irlande à l'Espagne et peut-être à la Syrie ?

Telle autre plante se rencontre aux deux extrémités du monde. Sans doute elle a marché d'un hémisphère à l'autre. Évoquons en esprit le continent intermédiaire qui lui a servi de chemin. Par ce frêle lien végétal, l'Afrique se trouvera rattachée et contiguë à l'Inde, le Chili touchera à la Nouvelle-Zélande. Comment les espèces de l'Amérique australe ont-elles passé dans la région arctique ? Il faut pour cela que les montagnes de l'isthme de Panama n'aient pas toujours été si abaissées ; elles ont dû offrir aux plantes une station plus élevée qu'aujourd'hui pour que la migration n'ait pas été arrêtée. Ainsi, de génération en génération, les fleurs ont traversé les océans sur le dos des Cordillères, qui plus tard se sont affaissées. De cap en cap, de glacier en glacier, ces fleurs portent aujourd'hui témoignage des mondes disparus derrière elles.

CHAPITRE VIII.

LE NATURALISTE DE NOS JOURS.

Si jamais les poëtes, les historiens se sont épris de chimères, voici une chose qui peut leur servir d'excuse. C'est de voir combien les sciences les plus positives, la géologie, la botanique, excellent à créer des mondes que le talisman des *Mille et une nuits* n'eût jamais osé évoquer. En déchiffrant les inscriptions végétales, les botanistes géologues se jouent de la réalité actuelle. Le rêve de l'Atlantide de Platon devient une des bases de la science de notre âge positif. Souvent les plus circonspects se livrent aux hypothèses les plus gigantesques. Vous les diriez pris du vertige de l'abîme quand ils évoquent les îles, les archipels, les hémisphères immergés. Dans ces évocations, ils n'ont souvent que l'indice d'un lichen ou d'une algue pour conclure à l'existence d'un monde. Vous hésitez à les suivre dans le gouffre, vous craignez que ces mondes révélés dans l'azur des mers équatoriales ne vous échappent et ne se dissipent comme une bulle de savon.

Rassurez-vous, c'est une main forte qui vous conduit dans ces abîmes. Il s'agit ici de toute autre chose que d'une imagination vaine. A mesure que l'esprit de l'historien est devenu l'esprit du naturaliste, celui-ci a acquis un sens nouveau. Sa force, son énergie, son audace, ont doublé. Quel problème pourrait l'effrayer? Il tient dans sa main le fil avec lequel il se retrouve quand il lui plaît.

Aussi avec quel sang-froid il se livre à l'abîme! Suivez-le, il se joue avec l'inconnu. Il descend au fond des océans antérieurs peuplés de monstres, comme s'il était enveloppé de la cloche du plongeur, et il voit clair dans ces mondes d'hypothèses mêlées de réel. Il palpe, il sonde le sol des mers qui n'existent plus que dans sa pensée. Il vit à son aise parmi les monstres et les colossales chimères comme dans un muséum. Il y respire librement, et après qu'il a ainsi palpé l'insondable, il remonte à la surface du monde actuel; il rentre froidement dans la nature vivante, et vous sentez qu'il n'a rien laissé de sa raison dans cette joute avec l'impossible.

Il a tout expliqué (1) par un état de choses antérieur à celui que nous connaissons, par des mers qui s'étendent ou se retirent, des îles qui s'interposent, des isthmes qui se joignent. Vingt fois il a repétri le globe dans ses mains, comme un sculpteur l'argile. S'est-il trompé, ce n'est que pour un temps. Son génie n'en a point été entamé, car il sait s'arrêter et se redresser à propos. La géologie lui a appris à vérifier ses univers antérieurs sur des documents de pierre. Il n'est dupe que pour un moment de ses créations antédiluviennes. Il corrige ses mers triasique,

---

(1) Ceci s'applique bien à la *Géographie botanique raisonnée* de M. Alphonse de Candolle. Ce grand ouvrage classique est une encyclopédie du monde végétal où sont posés tous les problèmes avec une précision lumineuse qui en prépare la solution. L'auteur insiste principalement sur les *causes antérieures* qui ont précédé le monde actuel. Vaste application de l'esprit et de la méthode historiques à l'étude des plantes du globe entier.

liasique, crétacée. Il retouche incessamment les paysages de ses archipels primaires, siluriens. Il biffe sur la carte ses îles permiennes, il leur trace d'autres contours. Et pourquoi? Parce qu'un fait nouveau, imperceptible, un coquillage, un crustacé révélé d'hier, vient subitement changer la figure de cet univers perdu et retrouvé.

Voilà le naturaliste de nos jours, tel que je le vois dans les deux Geoffroy Saint-Hilaire, dans Lyell, Pictet de La Rive (1), Alphonse de Candolle, Darwin, Oswald Heer. Il rature perpétuellement sa chronique géologique. Il la rapproche incessamment du vrai par une critique minutieuse. Comment cela? Je l'ai dit, parce qu'il a en lui le véritable esprit historique.

Ici se montre le côté le plus élevé de notre époque : l'histoire civile et la science de la nature se rencontrent et se concilient. Après

(1) Aucun ouvrage ne m'a été plus utile que le *Traité de Paléontologie* de M. Pictet de La Rive. La hardiesse et la prudence y sont unies dans une mesure que je n'étais pas accoutumé à rencontrer ailleurs. Combien il est à désirer que l'on porte dans la philosophie l'esprit méthodique dont cet ouvrage me semble être un de plus excellents modèles !

avoir suivi des lignes plus ou moins contraires, elles convergent aujourd'hui à ce point d'intersection qui se trouve être la pensée la plus haute de notre temps. C'est là que les esprits qui sont le plus étrangers les uns aux autres se montrent identiques, souvent sans le savoir. La méthode par laquelle M. Alphonse de Candolle suit de station en station les migrations du saxifrage, du chêne ou de la bruyère est au fond la même que celle par laquelle Augustin Thierry suivait pied à pied les migrations des barbares, et Ottfried Müller celle des Doriens.

Les stations d'un dieu, les sanctuaires oubliés, les débris d'un culte, d'un nom sacré, moins encore, étaient pour l'historien ce que les stations des plantes sont devenues pour le botaniste. Dans le monde physique comme dans le monde civil, le passé s'efforce en vain de se dérober et de s'enfouir loin des yeux de la postérité. Il suffit du plus faible témoin pour le dévoiler à travers ses ombres.

Ainsi d'un côté la famille des historiens, de l'autre celle des naturalistes, ont fait chacune leur œuvre à part, sans se reconnaître ni s'entendre mutuellement, et il se trouve que cette œuvre est la même. Tous ont cheminé longtemps par bandes isolées, à l'écart, indifférents ou hostiles, ou s'ignorant les uns les autres, et voilà qu'ils aboutissent à un foyer commun où ils ont échangé leurs flambeaux. Les naturalistes et les historiens se sont emprunté instinctivement leur esprit ; la méthode des uns est devenue la méthode des autres. Osons le dire, cette rencontre est le plus grand événement intellectuel de notre temps.

Un pas reste à faire, lequel? Se reconnaître les uns les autres. Ce que l'histoire civile et l'histoire naturelle ont entrepris isolément, par instinct, il est temps qu'elles l'accomplissent par réflexion, avec la pleine intelligence des lois communes qui les régissent. Si elles ont fait de si grandes choses en agissant séparément, que ne feront-elles pas, unies et éclairées par la connaissance de leur parenté! Où n'atteindront pas ces deux esprits quand ils auront la conscience réfléchie, profonde de leur alliance? Quel mystère leur résistera? Quelle porte ne leur cédera pas? Quel abîme ne s'éclairera pas? La comparaison des lois de l'histoire universelle civile et des lois de l'histoire naturelle n'a jamais été faite.

Il faut au moins la tenter. Quelque opinion que l'on puisse avoir des résultats de cette comparaison, on avouera qu'elle manque encore à la science. Donnons-nous le plaisir de tenter ici ce chemin inconnu.

CHAPITRE IX.

QUE PRODUIRAIT LA MÉTHODE DE LA GÉOLOGIE APPLIQUÉE A L'HISTOIRE ET RÉCIPROQUEMENT. — IMPERFECTION DE LA LANGUE DE LA GÉOLOGIE. — COMMENT LES ANCIENS AURAIENT NOMMÉ LES AGES GÉOLOGIQUES.

Quand j'entrai d'abord dans la géologie, la méthode qu'on y emploie me déconcerta singulièrement. Voici pourquoi. Le géologue, voulant procéder du connu à l'inconnu, commence le plus souvent l'histoire de la terre par le tableau des époques les plus récentes ; d'où il descend à une époque antérieure, et de celle-ci à une autre plus ancienne, jusqu'à ce qu'il plonge dans les couches primaires au delà desquelles la science lui échappe.

J'ai souvent pensé que, dans l'histoire civile, on pourrait porter le même esprit : commencer par décrire la société actuelle, au milieu de laquelle nous vivons et que nous connaissons par une expérience immédiate, puis descendre au xviiie siècle, de celui-ci passer au xviie et ainsi de suite, reculer jusqu'aux dernières limites des antiquités humaines.

A certains égards, cette marche serait la plus philosophique, puisque nous partirions de nous-mêmes, c'est-à-dire d'un point dont nous avons la conscience intime. A ce point, nous rattacherions tous les temps antérieurs. Ce serait une base solide. Nouant à ce premier anneau tous les anneaux de la chaîne des temps, nous tiendrions, comme Jupiter, la chaîne des idées et des mondes suspendue dans nos mains.

Au contraire, par la méthode ordinaire, nous commençons l'histoire humaine par ce que nous ignorons le plus, par les origines des peuples, des langues, des institutions; d'où il suit que, contrairement à ce qu'exige toute vraie science, notre premier pas est le plus incertain.

Ce que nous savons le moins, devient le fondement de ce que nous savons le mieux. Nous bâtissons nos histoires sur l'inconnu; chose qui est le renversement même de l'idée de méthode, nous procédons en histoire du plus loin au plus près, de l'inconnu au connu ; c'est-à-dire que nous débutons par les fables, ou plutôt par les ténèbres, pour finir avec la lumière des temps modernes.

Que serait l'histoire humaine écrite sur le plan de l'histoire géologique ? Je commencerais par décrire le monde civil tel qu'il m'apparaît aujourd'hui, et j'en formerais le tableau du XIXe siècle. Mais, dans ce tableau, je sentirais bientôt qu'il y a une foule de faits dont les racines plongent dans une époque antérieure.

Par là, je me verrais obligé de remonter à cette autre époque et de tracer l'histoire du XVIIIe siècle. De même, dans celui-ci, je m'apercevrais que les institutions, les mœurs, me renvoient à quelque chose de plus ancien ; ainsi de proche en proche la logique me ramènerait du présent au passé, de la révolution française au moyen âge, du moyen âge à l'antiquité, jusqu'à ce que je touche au monde primaire, légendaire, mythologique, où toute certitude m'abandonne.

Mais là, du moins, les vérités que j'aurais acquises dans ce long trajet, me suivraient pas à pas. J'entrerais dans l'étude des temps les plus obscurs avec les lumières que j'aurais rapportées des temps les plus éclairés.

Cette marche serait celle des sciences naturelles. Je ne serais point entraîné par une curiosité vaine à suivre la série des temps, ni par le désir de savoir comment finit le conte; je ne céderais qu'aux nécessités de la logique.

Voilà les avantages de ce renversement de méthode dans l'histoire. Ils sont tous détruits par cette seule considération, que dans une méthode semblable, le fait est raconté avant la cause. Dès lors, disparaît la relation de l'une à l'autre, ce qui est la ruine même de l'histoire.

Et qui sait si même dans la géologie une méthode pareille ne finirait pas par entraver l'esprit scientifique? Excellente pour rassembler des faits, elle ne vaut rien pour établir comment les faits ont été engendrés l'un par l'autre. C'est peut-être une des raisons pour lesquelles la merveille de l'apparition des espèces perdues a été si lente à produire ses résultats philosophiques les plus importants, je veux dire la connaissance du développement historique des êtres organisés.

Tout le monde sent que la langue de la géologie n'est encore que provisoire. Telle qu'elle est, elle a déjà peine à subsister. Quelle raison, par exemple, de donner le nom d'une province de Russie, ou d'Angleterre, ou de Suisse, ou de France à un terrain qui se trouve disséminé sur tout le globe? Pourquoi imposer le nom d'Oxford ou du Devonshire à ce qui se trouve aussi bien en Amérique, ou de Neuchâtel à une roche d'Asie, ou du Mont-Jura aux flancs de l'Himalaya? A une science qui naît, il fallait une langue improvisée; chacun a donné le nom de son pays comme le premier qui s'offrait à lui. Mais la confusion commence à s'établir entre des dénominations, qui souvent ne reposent sur aucun autre fondement que le hasard.

Si les anciens avaient connu les mondes fossiles, qu'auraient-ils inventé pour les dénombrer, eux qui excellaient à nommer les choses et les êtres? Je n'ai aucun doute sur la réponse qui se présente à moi.

Je la dois à une circonstance particulière. En 1833, je montais, au milieu de la nuit, au Vésuve, pendant la grande éruption qui marqua la fin de cette année. J'étais près d'atteindre la base du cône, lorsque j'entendis sur ma tête un bruit auquel nulle description de physicien ne m'avait préparé.

Ce fut d'abord une immense respiration haletante, qui sortait d'une poitrine de géant. Cette respiration fut suivie d'une aspiration prolongée, ardente, intense, inextinguible, puis d'un silence. Après ce silence, éclatèrent soudainement les fracas d'un millier de forges où les marteaux retentissaient sur des enclumes invisibles. Je compris dès lors pourquoi l'âge des volcans était l'âge des cyclopes ; étendant cette observation, je sentis que les anciens, s'ils avaient connu nos âges géologiques, auraient attribué chacune des créations successives à un dieu dont elle aurait formé le règne spécial.

La généalogie des dieux eût été en même temps la généalogie des époques de la nature. On aurait vu ainsi naître, l'une après l'autre, les flores et les faunes diverses, comme on voit naître les divinités grandes et petites dans la théogonie d'Hésiode. Cette théogonie eût formé la terminologie des âges géologiques.

Des dieux naissants (1) et mourants à de longs intervalles auraient marqué chacun une des périodes diverses des êtres organisés. Au lieu de notre grande division, primaire, secondaire, tertiaire, on aurait eu l'époque du chaos, l'époque de Saturne, l'époque de Jupiter. Au lieu de ces dénominations qui ne disent rien à l'esprit, cambrien, silurien, devonien, on aurait eu des dynasties souterraines, étagées les unes sur les autres. Les petits intervalles auraient été dénommés par de petits dieux ; la forêt carbonifère aurait eu ses dryades, et les mers siluriennes, permiennes, leurs océanides.

Le vieux Saturne aurait dévoré, dans le monde primaire, son long règne de pierre qui se serait prolongé jusqu'à nos roches jurassiques. Il aurait eu sous sa garde les premières flores et les premières faunes, monde avare comme lui, aveugle comme lui, jusqu'aux grands reptiles cuirassés, ou aux premiers mammifères.

Alors, avec des organisations plus hautes, où les temps nouveaux commencent obscuré-

---

(1) Nativos esse deos, longis intervallis, orientes occidentesque, eosque innumerabiles esse mundos. Cic. *De naturâ deorum.* Lib. I, c. 9.

ment à poindre, aurait paru le jeune Jupiter. Il aurait rempli de ses vagissements les îles de nos mers jurassiques et crétacées. En grandissant, il aurait orné son front des dernières cornes d'Ammon.

Puis il aurait distribué les mondes naissants à la nouvelle dynastie des Olympiens, selon le temps de leur avénement.

Vous auriez vu Démeter attacher les archipels, les continents tertiaires les uns aux autres pour en former les terres actuelles; Neptune, chasser de son trident l'ancienne mer helvétique, et la refouler vers la Méditerranée; Mars, visiter en trois pas le monde émergé de l'Oural à l'Atlantide; Apollon, évoquer la première aurore de l'époque nouvelle, éocène et miocène.

Cependant Pluton aurait soulevé de son front les Alpes, les Pyrénées et le Taurus jusqu'à l'Himalaya.

A l'âge des Titans eût répondu l'époque glacière. Ce sont eux qui auraient transporté les moraines et les blocs erratiques, par-dessus les fleuves et les lacs de glace.

Les dieux se seraient assis sur les Olympes; ils auraient fait des cimes soulevées leur séjour éternel. De là ils suivraient des yeux l'homme naissant au flanc des monts acrocérauniens. Age des héros, travaux d'Hercule. Combats de l'homme contre les grands carnassiers dont la race est éteinte, avec la faune quaternaire, ours de caverne, lion de Némée, rhinocéros velus.

Que sont les plaines de cailloux roulés? Pline l'a dit : les champs de bataille d'Hercule (1).

Ainsi, dans l'histoire abrégée des dieux, Hésiode et Anaximandre eussent retrouvé chaque période de l'histoire du globe.

---

(1) Pline. *Hist. nat.*, lib. III, c. v. *Campi Lapidæi Herculis præliorum memoria.*

LIVRE DEUXIÈME.

LA QUESTION DE NOTRE SIÈCLE (1). — ORIGINE DES ÊTRES ORGANISÉ

CHAPITRE PREMIER.

CONFESSION D'UN ESPRIT A LA RECHERCHE DE LA SCIENCE NOUVELLE. — QUE DEVIENT L'HOMME EN FACE DES AGES GÉOLOGIQUES, — NÉCESSITÉ D'UNE NOUVELLE CONCEPTION DU CRÉATEUR ET DE LA CRÉATION.

L'antiquité recule pour nous de tous côtés : âge de fer, âge de bronze, âge de pierre; par delà ce seuil s'ouvrent les époques géologiques comme un infini palpable. Que devenons-nous au milieu de ces assises de siècles qui se rangent autour de nous ? Depuis que nous jouons avec l'éternité dans le moindre caillou, que ferons-nous de l'homme ?

(1) Comment se sont succédé les formes, voilà ce qu'on doit appeler la grande question de l'histoire naturelle dans le xixe siècle. Alphonse de Candolle. *Géographie botanique*.

Hier, il s'étonnait de passer si vite sur la terre ; aujourd'hui, combien sa vie est encore raccourcie par la comparaison avec cette antiquité incalculable qui le presse et l'accable de toutes parts ! Il n'était qu'un point dans la durée ; ce point s'efface et disparaît dans l'immensité. Nous nous échappons à nous-mêmes.

Que sommes-nous donc ? Un zéro, ou moins encore ?

Quand la nature s'arme ainsi de tant de siècles de siècles pour l'engloutir, que fera l'homme pour se ressaisir et se reconnaître ? Où se tournera-t-il pour se retrouver lui-même ? Le vertige de l'infiniment petit le gagne, en présence de ces infiniment grands, qui ne se dérobent pas dans l'immensité des cieux vides, mais qui le pressent, le heurtent, le défient à chaque pas dans les couches entr'ouvertes du globe, cieux de marbre et de granit qui pèsent sur sa tête et l'écrasent vivant du poids de leur visible éternité. Que fera-t-il donc pour se retrouver dans cet abîme ? Il pensera, il osera, il s'armera d'audace ; il se soumettra ces infinités nouvelles, en s'appropriant leur secret.

Le temps venu où une idée doit se produire,

elle se présente à l'état d'ébauche aux esprits les plus séparés sur tout le reste. Elle frappe à toutes les portes, même aux plus humbles, en attendant que le jour se fasse, et qu'elle puisse entrer dans le monde par la porte lumineuse de l'expérience. C'est ainsi que l'énigme de l'origine et de la formation des êtres organisés me tourmentait, il y a une douzaine d'années, avant que je pusse savoir que des esprits préparés de loin et tout armés concentraient, dans ces mêmes heures, toutes leurs forces sur cette même Inconnue.

Pourquoi cette pensée me sollicitait-elle sans relâche à Bruxelles, en 1855, moi qui n'avais pas tourné auparavant mes études de ce côté? Pourquoi cette obsession continue d'un problème qui semblait n'avoir aucun rapport avec mes travaux accoutumés? N'est-ce pas la preuve qu'à certains moments l'esprit humain entre dans certaines régions où se présentent de toutes parts, et s'imposent, des vérités cachées qui n'attendent que l'occasion de se révéler et de luire aux yeux de tous?

Comme il était immanquable, la partie de la science à laquelle je m'attachai, ne servit d'abord qu'à m'abuser. Je soumettais mon esprit aux maîtres, et les maîtres me désespéraient ; car j'avais lu, par exemple, dans Cuvier, que les grands mammifères se montraient sans aucun précédent dans les couches du globe. Il fallait bien en conclure avec lui que ces êtres avaient apparu spontanément, par une opération miraculeuse.

Dès lors, la question de l'origine et de la formation des corps organisés ne semblait plus qu'une folie. Je m'efforçais de croire à l'impuissance de l'esprit humain, quand elle m'était affirmée avec tant d'autorité comme un dogme, par les plus savants des hommes.

J'aurais dû me dire au contraire, que les faits allégués par eux n'étaient pas sans réplique ; qu'un jour viendrait où les vestiges des créations antérieures apparaîtraient dans un meilleur ordre ; que si l'on avait rencontré pêle-mêle les grands mammifères dans les carrières de Montmartre, c'était le produit des migrations ou d'une circonstance accidentelle, et non pas la marche de la nature ; que les palæothériums, les anoplothériums, les mammouths, rassemblés par hasard, ne marquaient rien autre chose que le désordre d'une révolution subite, la fuite en commun vers un lieu de refuge, l'agglomération d'une foule partie de lieux différents; qu'il n'y avait rien à conclure de cette réunion fortuite de tant d'organisations diverses, pour leur origine, leur mode de formation, et même pour leur habitation première.

Si l'on trouvait aujourd'hui, au Mexique, les ossements des chevaux transportés en Amérique par Fernand Cortès, ou Pizarre, il ne faudrait pas en conclure que ces chevaux ont été formés instantanément en Amérique, sans parents, sans ancêtres, ni précurseurs, par une création surnaturelle.

Voilà ce que j'aurais dû penser. Mais, au contraire, maîtrisé par le respect pour les grands naturalistes, je me contentais de me dire : « ils ont prononcé! » Le troupeau des êtres organisés qu'ils ont découvert, montre que la nature a commencé par les formes gigantesques. Elle a travaillé en grand dès la première heure. Ne cherchons pas de petits commencements. Tout a été fort, puissant, énorme, dès l'origine. *Magister dixit.*

Cependant l'impossibilité d'une pareille solution éclatait malgré moi et me rendait un peu de cœur. Comment consentir à se représenter le chêne surgi tout à coup de toute sa hauteur centenaire? comment en un clin d'œil aurait-il enfoui ses racines sous la terre.

Comment le lion se serait-il élancé du néant, sans avoir été lionceau?

Et l'homme qu'il fallait se représenter adulte, vers l'âge de trente ans, sans mère, sans berceau, sans enfance, déjà plein de forces et même d'expérience! Car il en faut pour le moindre mouvement, pour la plus petite action, pour le plus simple usage des sens. Que ferait cet homme de trente ans, subitement apparu qui ne saurait ni voir, ni toucher, ni entendre? que lui serviraient ses bras vigoureux s'il ne savait pas saisir, ses yeux, s'il ne savait pas regarder, juger la distance, ses pieds, s'il ne savait pas marcher? sa force même se tournerait contre lui. Ce grand enfant aurait autant de peine à se défendre que l'enfant qui vient de naître. Il aurait autant à craindre du monde entier; de plus il serait à lui-même son plus redoutable ennemi.

Je ne décrirai pas les solutions qui se présentèrent à moi, dans cette extrémité où la science m'abandonnait, sans que je pusse me résigner à l'ignorance absolue qu'elle m'imposait, comme le dernier mot de la sagesse. Mais je crois devoir marquer quelques-uns des efforts que je fis pour sortir de ces savantes ténèbres. Ils montreront, du moins, comment un esprit obstiné qui se sent perdu dans la nuit, peut s'ingénier pour aller au-devant de la lumière.

L'idée me vint que si l'histoire de la nature éclaire l'histoire de l'homme, réciproquement l'histoire de l'homme peut éclairer l'histoire de la nature, puisque, après tout, l'une et l'autre font partie d'un même ensemble. La même loi doit présider au développement de l'une et de l'autre.

Si l'esprit humain a organisé successivement des États, formé des langues, bâti des temples sur des plans différents, pourquoi, en suivant les mêmes lois, la nature n'aurait-elle pas formé ses flores et ses faunes diverses ?

Je ne puis, il est vrai, redevenir contemporain des premières variétés de l'organisation végétale et animale ni assister à l'éclosion des êtres. Mais je puis, si je le veux, assister au commencement d'une partie des choses humaines. Et cette expérience qu'il m'est loisible de répéter sur l'humanité me servira pour en tirer certaines inductions sur l'origine et la variété des espèces dans la nature.

Cette première pensée me conduisit à d'autres du même genre. L'audace me venant à mesure que je touchais un terrain qui m'était plus familier, j'osai arriver à des analogies et à des hypothèses telles que celles-ci :

L'architecture est la coquille du mollusque humain. Il y a la coquille du mollusque hindou, perse, égyptien, grec, romain, gothique, laquelle s'appelle tour à tour : hypogées, pyramides, Parthénon, Panthéon, cathédrale. Comment les ammonites ont-elles fait place aux coquilles relativement modernes? Cette question est du même genre que cette autre : Comment s'est fait le passage du temple égyptien au Parthénon, et du Parthénon à Notre-Dame de Paris? Si j'ignorais les intermédiaires, il me serait impossible de répondre. Je ne suis en état de montrer la relation du temple de Thésée ou de Pallas-Athéné à Notre-Dame de Paris, que parce que je tiens dans ma main, par l'histoire, les diverses transformations qui les unissent.

De là, je suis disposé à induire qu'il y a aussi des transformations, analogues, successives, lesquelles m'échappent, entre les formes diverses des êtres organisés. Je ne m'en tins pas à cette première vue ; je la développai comme on verra bientôt.

Déjà vous m'interrompez : Prenez garde ! dites-vous. Le temple n'est pas né du temple, la basilique n'a pas engendré dans ses flancs la cathédrale. Il y a eu un artisan, un esprit intérieur qui, de siècle en siècle, a changé son architecture, sa langue, ses formes. Otez cet artisan, que reste-t-il ? des pierres inanimées, des paroles mortes, incapables de se transformer, ni de remuer un atome. Quel rapport établissez-vous entre la flore vivante et ce que vous appelez la flore architecturale, entre la faune animée, organisée, et la faune historique, représentée par une succession de peuples et d'États ? Ce sont là des choses d'un ordre entièrement différent.

Je le sais. S'il en était autrement, le secret de l'univers serait trouvé, le problème de l'origine et de la variété des êtres serait résolu. Nous verrions clair dans l'abîme de la création. Mais, quand la science aux abois déclare qu'elle ne peut aller plus loin, et que l'esprit se prend de vertige, n'est-ce donc rien que de trouver une induction, une analogie, qui, tout en sachant qu'elle n'est que cela, fournit un fil pour se retrouver au-dessus de l'abîme?

Lorsque je voyageais dans les Alpes, et que je sentais le pied me manquer, le vertige me saisir, j'avais un moyen qui m'a toujours réussi de l'éviter. Je me posais une question de géologie très-précise : Quelle est cette roche? De quelle époque? Comment formée? Ce n'était qu'une question, et, souvent, je ne pouvais y répondre que par une hypothèse.

Mais l'imagination était écartée et reprenait son équilibre; la raison s'éveillait, une faculté venait au secours d'une autre. Je cherchais, je mesurais, je calculais. Bientôt j'avais retrouvé le chemin.

CHAPITRE II.

NOUVEAU DOUTE MÉTHODIQUE. — SI LA POÉSIE PEUT SERVIR D'INDUCTION A LA SCIENCE. — PREMIÈRE LUEUR. — UNE HYPOTHÈSE. — COMMENT SE SUCCÈDENT LES FORMES DANS L'HISTOIRE CIVILE. — LES FLORES ET LES FAUNES HISTORIQUES. — LE VERBE DE LA NATURE COMPARÉ AU VERBE DE L'HOMME.

Je suppose que je sois dans une ignorance absolue des temps historiques et des révolutions des peuples. Tout à coup se découvriraient à moi les Vedas, le Ramayana, le Pentateuque, l'Iliade, l'Énéide, la Comédie Divine, le Hamlet, le Paradis perdu, le Don Quichotte, le Misanthrope, dans un désordre qui ne laisserait aucune lumière sur leurs origines.

Je ne saurais comment ils ont été produits, ni après quels intervalles de temps. Tout ce que je croirais deviner, c'est qu'ils appartiennent chacun à des systèmes absolument différents. Ils feraient sur moi l'effet d'organisations essentiellement diverses qui n'auraient entre elles aucun lien. Je m'apercevrais qu'ils sont autant de débris de langues particulières; mais il me serait impossible de m'expliquer pourquoi ces merveilles de la parole sont superposées l'une à l'autre.

En vain je chercherais comment elles sont sorties du néant; je me perdrais dans les plus folles visions. Ma première pensée, à la découverte de chacun de ces prodiges, serait de me dire : Un dieu a révélé cette langue. Il a lui-même produit instantanément ces créations diverses, Ramayana, Iliade, Énéide, et chacune des époques où une nouvelle langue se manifeste par une nouvelle organisation de la parole.

Après avoir dit : C'est un dieu qui a créé l'hébreu de toutes pièces, je dirais de même : C'est un dieu qui, par une succession de créations nouvelles, a tiré du néant le sanscrit, le grec, le latin et toutes les langues dont je rencontre les débris; car je supposerais que toutes sont parvenues, en un moment, à la perfection.

Cette hypothèse que je fais là n'a rien

d'étrange. Elle est la situation naturelle de quiconque n'a jamais réfléchi sur ces sujets. Elle était celle de presque tous les hommes de l'antiquité primitive; ils attribuaient chaque produit cultivé de la parole à un dieu, ou, du moins, à une muse.

Je verrais bien une certaine ressemblance entre les idiomes de certains types littéraires, par exemple, entre l'Énéide et la Comédie Divine. Mais j'imaginerais d'abord qu'ils sont contemporains, et l'idée ne pourrait me venir que le latin et l'italien sont nés l'un de l'autre. La masse des temps qui les sépare n'existerait pas pour moi. Je n'aurais aucune notion de la décomposition d'une langue mère en diverses langues vulgaires. L'immense intervalle qui sépare le latin de l'italien cultivé n'aurait laissé aucune trace visible, intelligible, qui pût me faire soupçonner comment s'est accompli le passage de la langue de Virgile à la langue du Dante.

J'ignorerais complétement la chute de l'empire romain, les Barbares, c'est-à-dire les Cataclysmes de l'histoire. J'ignorerais bien plus encore les changements lents, irrésistibles, tels que les révolutions morales. Les ébauches auraient toutes disparu, ainsi que les patois, les divers essais de forme populaire, en un mot, tout ce qui, dans la réalité, a comblé, jour par jour, l'intervalle entre les formes antiques et les formes modernes.

Il ne resterait rien que deux ou trois œuvres immortelles, membres dispersés, ossements épars de ce grand tout disparu, types en quelque sorte pétrifiés d'une époque engloutie. Le temps n'aurait pu les détruire, et ils seraient pour moi une insondable énigme.

D'où viennent ces types de langues? ces fossiles de la parole? Quelle main les a façonnés de toutes pièces? Ont-ils eu des ancêtres, et lesquels? Ont-ils surgi complets, immenses, nés d'eux-mêmes, sans parents? Ces questions se représenteraient à chaque mot.

Quel rapport a la plante Homère avec la plante Virgile, et celle-ci avec la plante Dante ou Shakspeare? Je m'épuiserais vainement à chercher leurs relations de succession ou de descendance. Est-ce le même soleil qui les a mûries, la même région qui les a produites? Ont-elles cohabité dans les mêmes lieux? Sont-elles nées, au contraire, dans des contrées différentes? Ont-elles été rapprochées aujourd'hui par des causes auxquelles je ne puis remonter?

Voilà une partie des mystères qui s'offriraient à moi, ils me paraîtraient insondables. Mais après cet état d'ignorance, si tout à coup le rideau de l'histoire venait à se déchirer à mes yeux; si j'apprenais au moins sommairement quelle a été l'œuvre de chaque siècle, alors les mystères inexplicables se débrouilleraient, les intervalles immenses qui séparent, comme autant de fossiles étrangers l'un à l'autre, Homère, Virgile, Dante, se combleraient par degrés; je verrais les diverses formes de langues, de poésies, d'architectures, sorties d'un tronc commun, se partager, se succéder; tous les vides se rempliraient.

J'assisterais, sinon à l'origine première des choses humaines, du moins à la diffusion des langues, à la production des formes et des types littéraires, à la distribution de la flore architecturale, de la faune historique. Les œuvres immortalisées m'apparaîtraient comme les fossiles caractéristiques des époques de l'histoire civile; ces fossiles se replaceraient d'eux-mêmes au milieu des civilisations qu'ils représentent.

Je verrais les flores et les faunes aryennes, védiques, aboutir, par des transformations successives dont plusieurs anneaux sont perdus, d'un côté à la faune homérique, de l'autre à la faune virgilienne, qui elle-même tendrait à se modifier à travers les cataclysmes du monde romain; puis dès cette époque, les patois modernes poindre dans l'embryon, les organisations débiles se montrer et passer au profit d'organisations plus durables qui persisteraient et aboutiraient aux formes des langues actuelles de l'Europe méridionale.

La vieille coquille primitive, hypogée, temple égyptien, Parthénon, Panthéon, aboutirait à la coquille du mollusque nouveau, basilique, Sainte-Sophie, cathédrale gothique. Dans ce travail incessant de formes engendrant d'autres formes, il n'y aurait pas un moment où je ne pourrais suivre la main du temps, façonnant, de siècle en siècle, d'époque en époque, les organisations vivantes du monde civil.

Mais que d'êtres perdus que nous ne retrouverons pas! Pour un Homère qui a été transmis intact, que d'organisations enfouies pour toujours! Nous n'avons que les membres dispersés, la tête, les bras, les pieds, les vertèbres d'un Eschyle, d'un Sophocle, d'un Tacite; ossements avec lesquels nous recomposons le tout de ces esprits mutilés, sans espoir de les trouver en leur entier.

L'ignorance, dont je parlais tout à l'heure en matière d'histoire civile, est à peu près la science du géologue, en ce qui touche à la paléontologie. Lui aussi ne connaît qu'une surface ; tout lui devient énigme, mystère, dès qu'il veut passer outre. Lui aussi rencontre des formes qu'il ne peut s'expliquer. A ses yeux se découvrent des types dont il lui est impossible de concevoir la filiation. Les mêmes questions que je me posais, à l'égard des formes verbales, poétiques, littéraires, architecturales, civiles, il est obligé de se les poser à l'égard des formes végétales, animales, qu'il découvre dans les couches du globe. Et comme je ne pouvais faire aucune réponse sur les fossiles des couches de l'histoire civile, il ne peut en faire aucune sur l'origine et la variété des êtres organisés dans les couches des terrains fossilifères.

Tout ce qu'il peut dire, c'est que tel être apparaît à tel moment. Mais pourquoi celui-ci plutôt que tel autre? Pourquoi l'architecture des coquillages change-t-elle à cette époque? Pourquoi ce mollusque se construit-il d'autres volutes dont le modèle n'existait pas avant lui? Pourquoi cette révolution soudaine, universelle, dans l'art des ammonites qui équivaut au passage de l'ordre grec à l'ordre gothique, à la transformation du plein cintre en ogive, ou encore au changement des langues synthétiques en langues analytiques?

Pourquoi à tel moment, tel genre de saurien disparaît-il pour faire place au mammifère, comme le sanscrit disparaît pour faire place au pali, le zend au pelhvi, l'hébreu au chaldéen, le latin à l'italien?

Pourquoi la nature parle-t-elle, à ce moment, une autre langue? Pourquoi prend-elle un autre vocabulaire, d'autres flexions, un autre accent?

Le naturaliste ne peut que constater les révolutions dans le Verbe de la nature; il ne peut donner aucune lumière certaine sur ces changements qui s'opèrent à un moment donné, dans l'architecture, la construction, l'organisation et ce qu'il faut bien appeler la grammaire de ce Verbe éternel qui se poursuit toujours nouveau à travers les diverses époques du globe terrestre.

Si je demande pourquoi la coquille du mollusque a changé, on répond : parce que l'être intérieur s'est modifié. A merveille. Mais ce nouvel être intérieur, ce nouvel esprit qui se construit de nouvelles volutes et un nouveau temple, d'où vient-il ? On ne le sait ; c'est le même étonnement qui me frappait tout à l'heure, lorsque je rencontrais vide et ébréchée la coquille du mollusque égyptien, assyrien, grec, romain, pyramides, hypogées, Théséum, Colysée, suivis de la coquille vide du mollusque gothique, cathédrales, nefs, donjons, rejetés les uns et les autres sur le rivage de l'Océan, qui brouille tout dans son insatiable immensité.

Je ne pouvais dire comment les coquilles vides avaient été habitées, par quel hôte, comment l'esprit, l'être intérieur qui les avait construites et remplies avait changé de siècle en siècle ; encore moins s'il avait passé, sans se transformer, de l'une à l'autre.

En face du Verbe de l'homme, je demeurais muet, comme le naturaliste est muet en face des périodes, des inflexions et des constructions successives du Verbe amplifié de la nature.

CHAPITRE III.

DIFFÉRENCE DE L'HISTORIEN ET DU NATURALISTE. — LA SCIENCE NOUVELLE ENGENDRE UNE IGNORANCE NOUVELLE. — PREMIÈRE STATION DE L'ESPRIT HUMAIN A LA RECHERCHE DES ORIGINES. — TENTATION DE NOTRE SIÈCLE.

Un point me sépare du géologue. L'ignorance où je me suis renfermé des époques civiles n'était que volontaire. C'était une supposition. Il ne tient qu'à moi de la faire disparaître au moment qu'il me plaît. Les révolutions civiles sont expliquées par leurs œuvres; si je veux m'enquérir des causes qui ont produit le changement des sociétés, le monde est plein d'enseignements de ce genre.

Si je ne connais pas le nom des barbares et ce qu'ils ont fait, c'est que je veux ne pas le savoir, au lieu que l'ignorance du géologue, au delà des premières couches du globe, et de quelques points à la surface des continents, est jusqu'à présent inévitable et forcée. Il se trouve, par la nécessité, dans la situation où je me suis placé par hypothèse.

Il ignore la plupart des révolutions dont il aperçoit quelques témoins dans les êtres organisés ; de là, il est contraint de se faire des réponses analogues à celles que je me faisais à moi-même, lorsque je m'interrogeais sur l'apparition des formes diverses dans l'histoire civile. Il voit des êtres que le hasard rapproche aujourd'hui l'un de l'autre, et il ne voit pas les intervalles de temps qui les ont séparés. Encore moins peut-il saisir les changements, les variations qui ont rempli les intervalles.

Il rencontre à la fois, dans le même pays, les représentants des époques les plus éloignées. Les générations qui ont vécu séparées par des distances prodigieuses, incalculables, lui apparaissent à quelques pas l'une de l'autre dans les flancs de la même montagne. Au bas, les reptiles secondaires, à mi-côte les premiers mammifères, plus haut le colossal mammouth et les troupeaux de rennes. C'est comme si l'on découvrait presque dans la même poussière et pour la première fois les civilisations mêlées et confondues des Vedas, du Mahabaratha, des Psaumes, de l'Iliade, de Virgile, de Dante, de Shakspeare, de Racine. Quelle tentation de croire qu'ils ont surgi spontanément par un coup de théâtre !

Telle a été, en effet, la première réponse des géologues. Ils ont cru que les organisations les plus diverses avaient surgi tout armées, tout entières, à certains moments du temps, par la puissance d'une cause extra-naturelle, et il est certain qu'ils ne pouvaient faire autrement. Les balbutiements et ce que j'appellerai les patois du Verbe de la nature avaient disparu. Il ne restait que les fortes empreintes, les œuvres d'art accomplies de l'organisation végétale et animale. Les plus grands esprits, tels que Cuvier, ont dû croire dès la première découverte de ces grandes formes pétrifiées, qu'elles ont surgi instantanément, par miracle, sans liens d'aucune sorte avec ce qui les a précédées.

Les maîtres de la science se sont trouvés dans la situation que j'ai supposée plus haut : tous les anneaux historiques rompus, la chaîne des temps brisée, le lien des êtres disparu ; une ignorance nouvelle s'est produite en même temps qu'une science nouvelle. Ils se sont dit : L'homme n'expliquera pas ceci. Ne l'essayons pas.

Pourtant, c'est la grande tentation de notre siècle. Il ne s'arrêtera pas qu'il n'ait goûté à cette nouvelle science du bien et du mal. Poursuivons.

CHAPITRE IV.

COMMENT LA NATURE ET LA PHILOSOPHIE ONT ÉTÉ BROUILLÉES. NÉCESSITÉ DE LES RÉCONCILIER.

Le monde a-t-il eu un commencement? Est-il fini ou infini? Y a-t-il une loi de succession entre les êtres? La philosophie, qui a longtemps régné en France sous le nom d'éclectisme, s'est débarrassée de ces questions en renonçant à cette portion de la philosophie qui a pour but d'expliquer la nature. C'était renoncer, en partie, à la philosophie elle-même.

Auparavant, Kant avait tranché ces questions par sa réponse inattendue qui coupe, en effet, court à toute réplique : Le monde n'est ni créé, ni éternel, ni fini, ni infini; il n'est pas. Du moins, il n'existe pas, comme chose en soi, mais seulement comme une apparence produite par notre propre entendement. Illusion qui entraîne après soi des questions illusoires. La raison se tend à elle-même des piéges; l'univers est une de ces embûches où le plus sage se prend le plus aisément.

Une telle philosophie ne pouvait guère pousser à l'esprit de découverte dans la nature. Qui voudrait se donner la peine de découvrir les lois d'un monde qui ne serait qu'une chimère? Se garantir de cette chimère, voilà quelle devait être la souveraine question pour le philosophe.

Jamais la raison humaine n'avait parlé avec un plus entier désintéressement d'elle-même et du monde. Descartes avait tenté de partir du doute absolu. Mais c'était là un procédé logique dans lequel il réservait tout ce qu'il voulait sauver du naufrage.

L'abnégation de Kant est plus entière; il fait le procès à la raison elle-même. C'est l'homme qui se fait juge de l'homme, et il décide contre lui le procès de l'infini et de l'éternel.

La philosophie de Schelling et celle de Hegel se sont permis tous les rêves sur l'univers; pourtant elles n'ont pas eu le pressentiment des questions nouvelles qui surgissent aujourd'hui dans les sciences.

On ne pouvait demander à ces philosophies de résoudre les problèmes ; mais on avait le droit d'attendre qu'elles les posassent au moins comme des énigmes ; par où elles eussent montré qu'elles étaient dans le chemin de la vérité. N'ayant rien fait ni pour résoudre la question de notre temps, ni pour la poser, il n'est pas étonnant que ces systèmes soient abandonnés aujourd'hui.

Après tant d'audaces dans le vide, que de timidités étranges, quand cette philosophie approche de la réalité! Valait-il, par exemple, la peine de prendre un vol si effréné et si fantasque dans l'abstraction, pour conclure par ces mots sur l'origine des êtres ! « La création mosaïque est celle qui représente le mieux la chose, en disant simplement, tel jour c'est la plante, tel autre c'est l'animal, tel autre c'est l'homme qui a paru.... Chacun a été d'un seul coup ce qu'il est (1). »

La poésie, dans Goëthe, a conduit à de véritables découvertes scientifiques ; la philosophie

(1) Hegel.

de Schelling et de Hegel n'a mis sur la voie d'aucune question, encore moins d'aucune découverte. Pourquoi? Parce que la poésie est restée conforme à la vie, et que la philosophie de Hegel s'en est séparée.

Pourtant, dans tous ces systèmes, une idée vraie subsiste : que les lois générales de l'esprit doivent se retrouver dans le développement de l'univers; qu'il doit y avoir une parenté entre les principes de l'intelligence et les principes sur lesquels sont fondés les divers règnes de la nature; que l'échelle des idées doit se retrouver dans l'échelle des êtres; qu'enfin, il y a une logique dans le monde physique, comme dans le monde intellectuel; que celui qui aurait le secret de cette logique aurait la clef de la terre et des cieux.

Tout cela est vrai; mais sitôt que de l'idée générale les philosophes de la nature sont descendus aux applications dans les sciences particulières, quelle nuit! quelles ténèbres! quels labyrinthes glacés! Pour en sortir, vous ne tenez aucun fil. Vous suivez un guide fantasque qui se joue de vous et de vos terreurs. En vain, vous redemandez la lumière, elle s'est éteinte. L'air manque, la vie manque. Ce n'est ni le ciel, ni la terre, ni l'enfer, mais le vide noir, infini. Vous y êtes perdu comme un point, dans l'éternel Erèbe.

Quelquefois deux sciences étrangères l'une à l'autre ont été mises soudainement en contact, et de ces deux vérités, au choc l'une de l'autre, ont jailli des lumières inattendues. Que n'a-t-on pas vu sortir de l'application de l'algèbre à la géométrie par Descartes, de la géométrie à la métaphysique par Spinoza et Hobbes, de la climatologie à la législation par Montesquieu, de la théorie de l'attraction de Newton à la politique, par Saint-Simon et par Fourier?

La découverte du mouvement de la terre par Copernic est entrée pour beaucoup dans la pensée de Kant, de changer toute la philosophie et de déplacer l'orbite du monde moral et intellectuel.

A l'exemple de ces grands hommes, osons aussi quelque chose. Un essai qui ne serait pas stérile serait une application de la paléontologie à l'histoire, et de l'histoire à la paléontologie. L'avantage que j'y découvre d'abord est de mettre en présence deux sciences de même nature, puisqu'elles appartiennent l'une et l'autre au domaine de la vie.

Les paléontologistes ne s'occupent pas d'histoire ; les historiens ne s'occupent pas de paléontologie. Et pourtant que de rapports intimes, absolus, nécessaires entre leurs sciences ! j'ai vu ce vide, j'ai essayé non de le combler, mais de le montrer et de le diminuer. Ce serait toute une science nouvelle à créer.

Quand je lis la philosophie de la nature de Hegel, je suis dans les brumes impénétrables du pôle ; çà et là se dressent quelques grandes pensées qui passent devant moi comme des blocs de glace dont je ne puis discerner ni la forme ni la couleur. La nature n'est plus qu'un jeu subtil de l'esprit avec lui-même. Elle l'embarrasse, et il ne sait comment s'en défaire, et la ramener au vide.

Il se pose, il se nie, il se montre pour se détruire ; il renaît, il s'efface, il se contredit, il s'affirme, il se cache, il éclate ; de là, toutes les formes de l'univers qui n'est plus qu'une dialectique de l'absolu pour broyer les faits et les rendre au néant.

Essayons de sortir de ces ténèbres et de revoir la lumière.

Platon, dans ses grandes œuvres, ne se contente pas d'être clair. A la lumière, il ajoute une autre lumière, à la clarté une autre clarté, jusqu'à ce qu'il arrive à la splendeur du vrai. Il ne peut souffrir le moindre voile sur le corps de la vérité. Il la veut nue, rayonnante comme la statuaire. C'est le soleil de l'Attique à midi, qui ne souffre pas une ombre, dans le vaste horizon, au pied de Pallas-Athéné.

CHAPITRE V.

RÉVÉLATION DES CRÉATIONS ANTÉRIEURES. — DÉCOUVERTE DU MONDE FOSSILE COMPARÉE A LA DÉCOUVERTE DU MOUVEMENT DE LA TERRE. — CONSÉQUENCES QUI S'ENSUIVRONT. — LES ROYAUTÉS SUCCESSIVES DANS LES RÈGNES ORGANIQUES. — QUE SONT LES PASSIONS DE L'HOMME. — QU'EST-CE QUE LA RÉMINISCENCE DE PLATON. — COMMENT L'ESPRIT PEUT SE DONNER DES AILES.

Les hommes qui nous ont précédés n'avaient sous leurs yeux que l'univers actuel. Ils ne connaissaient que les êtres organisés qui sont leurs contemporains, et ils ne soupçonnaient pas qu'il ait pu jamais y en avoir d'autres.

Leur horizon déjà si vaste était renfermé dans le moment de la nature présente. L'idée ne leur venait pas qu'il y eût une éternité visible, pétrifiée derrière eux. Leurs sentiments, leurs jugements, leurs systèmes étaient jetés dans le moule du monde qu'éclaire le soleil d'aujourd'hui. Ou si, par hasard, ils soupçonnaient que d'autres formes eussent jamais passé sur la terre, c'étaient pour eux des chimères, des hydres, des centaures auxquels ils n'attachaient que la réalité douteuse que l'imagination prête à ses monstres.

Voilà maintenant qu'au milieu de la surprise de tous, le monde présent, contemporain, n'est plus le seul que nous puissions voir de nos yeux et toucher de nos mains. Un autre univers vient de nous être révélé qui nous est donné par surcroît. Un passé incommensurable s'ouvre devant nous peuplé d'habitants dont nous n'avions aucune idée. Les visions des poëtes primitifs et des prophètes, Gorgones, dragons, sphinx, sont surpassées par la vérité ! Elles prennent un corps et s'appellent ptérodactyles, plésiosaures, dinothériums ; nous pouvons compter leurs os.

Cette cité souterraine se partage en étages successifs qui descendent en spirales jusqu'aux entrailles du globe et chaque étage a sa population rangée en ordre comme pour la visite d'un souverain ; plus ce monde est étrange, plus il est loin de nous.

L'incroyable est que ces os séparés, égarés,

dispersés, charriés par les eaux se réunissent comme à l'appel du jugement dernier. Ils viennent, ils se rapprochent, ils recomposent sous nos yeux le corps qu'ils formaient jadis; et cette merveille s'accomplit sans qu'il soit possible à l'esprit le plus sceptique de douter un instant que la chose la plus incroyable est devenue en même temps la plus certaine.

Jusqu'ici, en parcourant le monde nouveau qui se découvre à eux, les hommes ne sont occupés qu'à en prendre possession ! La surprise leur ôte en quelque sorte la réflexion. Ils se hâtent d'en compter les prodiges, d'enregistrer les merveilles, de qualifier les habitants, de mesurer les étages, d'attacher leurs noms à quelques ossements, de s'en faire un titre d'honneur et d'immortalité.

Surtout ils se pressent d'en faire un dénombrement exact, comme si le temps allait leur manquer et que le monde révélé hier dût s'abîmer et disparaître demain.

La curiosité scientifique est ainsi le premier sentiment qui s'éveille ; mais lorsqu'elle aura été à demi satisfaite, je tiens pour impossible que cet univers, nouvellement révélé, ne fasse pas une impression plus profonde. Je ne puis imaginer qu'il ne produise pas à la longue des effets tout nouveaux sur l'esprit humain ; qu'il n'éveille pas un long écho dans l'ordre moral ; qu'il ne soit pas le germe de sentiments inconnus, de contemplations inouïes, et, qui sait? de philosophies nouvelles!

L'homme ne possédait jusqu'ici que la science du présent; voilà le passé qui s'y ajoute.

Sa lyre monocorde s'enrichit d'une corde qui plonge dans un passé éternel. Quelles harmonies en naîtront, profondes, souterraines qui montent jusqu'à lui du fond des abîmes? Que gagneront à cette prise d'un univers entier l'intelligence, la vie morale? Est-ce que l'homme appelé à regarder sous ses pieds renoncera de plus en plus à regarder le ciel?

Il n'est pas croyable qu'un tel changement non-seulement dans la conception, mais dans la possession du monde matériel, un si immense domaine ajouté soudainement au domaine de l'homme, une si prodigieuse richesse ajoutée à sa richesse, la borne de son champ d'héritage déplacée, reculée tout à coup à l'infini, et, pour tout dire, le don gratuit d'une nature toute neuve, conservée dans la mort, n'influent en rien sur sa manière de concevoir et la vie et la mort, et le présent et l'avenir, et sa place à lui-même à la tête des êtres organisés.

S'il se retourne un moment vers les spirales souterraines, il découvre pour la première fois une succession infinie d'êtres tous différents de lui, tous gravissant incessamment vers lui. Changeant de formes à chaque étage, ces êtres inconnus sont dominés par quelque organisation supérieure : poisson, reptile, mammifère, qui semble régner sur eux pour toujours.

A l'époque secondaire, si les reptiles avaient parlé, ils auraient dit : Nous sommes les rois du monde. Nul être ne s'élève au-dessus de nous, nul autre que nous ne sait ramper. En vain une plèbe infinie de créatures inférieures, rayonnés, mollusques, poissons, s'épuisent à monter jusqu'aux reptiles. Le reptile est la créature préférée, la forme suprême, divine; le monde s'arrête à lui. Que sont toutes les organisations inférieures, primaires, au prix de la sienne? En lui s'achève et se couronne le monde.

Dans l'époque tertiaire, si les grands mammifères avaient parlé, ils auraient dit :

L'univers a fait un pas, nous en sommes le faîte. Comment les reptiles ont-ils pu croire un instant que le monde s'arrêterait à eux?

Ils sont bons pour marcher sur le ventre; mais nous avons relevé la tête.

Nous sommes les dominateurs légitimes; qui pourrait comprendre qu'une organisation apparaisse supérieure à la nôtre?

C'est vers nous que gravitaient aveuglément toutes ces vies ébauchées qui s'essayaient à vivre.

Mais nous avons touché le but; sans craindre qu'aucun être nous dépossède jamais, nous pouvons de siècle en siècle tranquillement brouter la terre ou nous dévorer les uns les autres.

Vient enfin la période quaternaire; l'homme paraît, il dit à son tour :

Tout le monde s'est trompé ici-bas, excepté moi. Les reptiles ont cru au règne divin des reptiles; les mammifères à celui des mammifères. Erreur, extravagance de la plèbe de la création.

Il n'y a de roi légitime que moi. C'est pour me faire place que tous ces monarques d'un jour sont tombés, depuis les trilobites cuirassés, depuis les royales ammonites jusqu'aux grands vertébrés.

Moi seul, je suis le dominateur suprême en qui s'achève toute vie ; ou plutôt, il n'y a aucun lien entre les vies antérieures et la mienne. L'univers est fini, les temps sont consommés. Dieu s'est épuisé en moi. Je suis le dernier fils de sa vieillesse.

Ce point de vue sera chaque jour plus difficile à soutenir ; tant de dynasties organiques qui ont passé pourraient bien finir par persuader l'homme qu'il est lui-même un monarque éphémère et que le moment viendra où il sera détrôné.

En même temps tous ces êtres qui l'ont précédé et cette longue suite d'ancêtres l'expliquent à lui-même. En lui, ils rampent, en lui ils volent ; en lui, ils s'achèvent et revivent.

Matière et substance des passions forcenées qui rugissent en lui. Formé de ces mondes antérieurs, voilà l'argile dont il a été pétri. C'est pour cela que tous les moments de l'univers se retrouvent en lui.

Qu'est-ce que la réminiscence de Platon, si ce n'est l'écho de ces antiques origines ?

Le livre de la création qu'il est donné à chacun

de feuilleter désormais, page par page, a beau être interrompu par des vides ; il en sort une force d'ascension vers le mieux que ne peut contrebalancer toute l'inertie de la nature morte. Si je veux me donner des ailes, j'ouvre ce livre dans l'atlas des fossiles ; je suis des yeux cette immortelle vie qui s'enferme un moment, un siècle, des myriades de siècles dans une forme pour briser cette forme. Je sens, je retrouve en moi cette même vie. Armé de cette puissance qui est la somme de vie de tous les êtres apparus sur le globe, je défie la mort; je brave le néant.

Lorsque je vois cette lente progression, depuis le trilobite, premier témoin effaré du monde naissant, jusqu'à la race humaine, et tous les degrés vivants de l'universelle vie s'étager l'un sur l'autre, et tous ces yeux ouverts, ces pupilles d'un pied de diamètre qui cherchent la lumière, toutes ces formes qui se haussent l'une sur l'autre, tous ces êtres qui rampent, nagent, marchent, courent, bondissent, volent au-devant de l'esprit, comment puis-je croire que cette ascension soit arrêtée à moi, que ce travail infini ne s'étende pas au delà de l'horizon que j'embrasse ?

Quand je refais, en idée, ce voyage infini, de

gradins en gradins, dans le puits de l'Éternel, je ne peux me contenter de ce que je suis. Moi aussi je demande des ailes. Je conçois des séries futures et inconnues de formes et d'êtres qui me dépasseront en force et en lumière, autant que je dépasse le premier-né des anciens océans.

Alors je m'explique ce prodige d'orgueil et d'humilité qui est tout l'homme. Orgueil en face des êtres antérieurs qui gravitent obscurément vers lui; humilité en face des êtres supérieurs dont il porte en lui la substance, et dont il sent intérieurement le battement d'ailes incessant, depuis l'époque de Platon.

La religion, comme la poésie, n'est souvent que la conscience de ces deux mondes; anciens rugissements de la nature en travail, sifflements de serpents diluviens qui ont trouvé un dernier écho dans le cœur de l'homme, pressentiments cachés de formes futures, encore enveloppées dans les formes du présent. Comme l'homme a aujourd'hui la perception obscure des organisations précédentes qui grondent dans son sein, de même les êtres supérieurs, dont le monde est éternellement en travail, auront la perception distincte des conditions de vie antérieure, dans une conscience plus claire et moins troublée par le bruit du chaos.

C'est là ce que veut dire cette foi à l'éternel Vivant, que rien ne peut tarir; cri de toute créature; aspiration de toute vie à une vie plus haute et plus complète.

CHAPITRE VI.

QUEL A ÉTÉ SUR L'ESPRIT HUMAIN LE PREMIER EFFET DE LA DÉCOUVERTE DES CRÉATIONS ANTÉRIEURES. — CHANGEMENT DANS LA CONCEPTION DE LA VIE ET DE LA MORT.

Il faut bien avouer que la soudaine apparition des grands mammifères, palæothériums, anoplothérium, dans le terrain tertiaire, aux flancs de la colline de Montmartre, était faite pour causer aux géologues le même étonnement que l'apparition des pyramides d'Égypte, des grands temples de Palmyre, de Pæstum et de Grèce dans le désert, à un esprit sans culture.

Où sont les ébauches et les premiers essais de ces monuments? Nulle part. Le monde social d'où ils ont surgi est aussi impossible à retrouver vivant que l'état de la nature à l'époque jurassique ou éocène. Aussi le premier sentiment des peuples qui ont rencontré les temples, les pyramides, les dolmens, a-t-il été d'en attribuer la construction à des êtres imaginaires, génies, démons, fées, qui remplacent pour eux la puissance évanouie des civilisations antiques. De là le grand nombre de légendes, de superstitions, de poésies populaires qui s'attachent à chacune des ruines du désert. Les fées ont élevé les dolmens. Pendant le dernier siége d'Athènes, les Turcs me racontaient que les colonnes du temple de Jupiter gémissaient, chaque soir, de se sentir crouler.

Quand les temps de la critique et de la science sont venus, cette première stupeur a continué. L'esprit humain a peine à revenir de l'éblouissement en face des œuvres gigantesques de l'Inde ou de l'Égypte. On s'obstine à croire que le monde social a commencé par se produire tout entier, dès le premier jour, dans ces œuvres colossales ou d'autres analogues. Combien de savants et de philosophes se représentent encore, à l'heure où nous sommes, l'humanité surgissant dès l'origine dans toute sa puissance, avec une langue formée, une poésie, une religion, et même une architecture qui ne pouvait plus que décroître !

En vain les découvertes nouvelles ont montré les divers degrés par où l'homme a passé, combien d'ébauches, de tâtonnements, de formes, de genres de vie, ont servi d'intermédiaire entre l'âge de pierre et l'âge de fer, par combien d'états antérieurs a été préparée chacune des stations humaines ; combien les peuplades aryennes ont précédé de loin l'épanouissement du sanscrit et du zend ; comment par delà chaque antiquité se révèle une antiquité plus lointaine ; par delà chaque génération une autre génération, et combien de siècles de siècles pèsent déjà sur ceux que nous prenons pour les premiers-nés de la première journée du monde civil.

En vain ces intermédiaires sont placés sous nos yeux ; l'habitude de l'esprit l'emporte. La plupart des historiens et des penseurs refusent de voir les anneaux qui relient les différents âges de l'humanité. Ils la voient toute grande et glorieuse dès le premier jour, comme la déesse qui naît avec sa ceinture, dès la première écume des eaux.

Ne vous étonnez pas si, à la première révélation des grands ossements des mammifères épars dans la période tertiaire, une stupeur semblable a envahi l'intelligence. Ici, l'esprit humain était mis véritablement au défi de dénouer l'énigme. Comment les plus sages, les plus savants, les plus méthodiques, ne se seraient-ils pas contentés de répondre d'abord : ceci dépasse les facultés humaines. Ne tentons pas l'impossible. Les grandes organisations dont nous venons de découvrir les ruines ont été dès l'origine ce qu'elles furent plus tard. Elles sortent toutes achevées de la main du Créateur. En demander davantage, c'est outrepasser les limites de notre entendement. Prenez garde au vertige : arrêtez-vous. Ne cherchez pas à voir Dieu face à face.

Voilà, en d'autres termes, ce que répondait Cuvier, qui avait ouvert ces abîmes nouveaux à l'intelligence. Mais il était impossible que la curiosité humaine, ainsi attirée et repoussée en même temps, se renfermât toujours dans une si grande prudence.

Un pan du rideau de la création est déchiré. Il ne manquera pas de téméraires qui plongeront dans le gouffre, décidés à surprendre le dernier secret de l'origine et de la succession des êtres organisés. Où trouver le levier pour soulever ce monde inconnu? C'est la question de notre siècle.

Avant de faire un pas de plus, interrogeons la poésie, là où la science s'arrête.

CHAPITRE VII.

IMPRESSION QU'UN ÊTRE IMMORTEL RECEVRAIT DE LA SUCCESSION DES ÊTRES SUR LA TERRE. — LES LEÇONS DU CENTAURE.

Hésiode avait composé un poëme dont le titre atteste la grandeur : « Les leçons du Centaure. » L'ouvrage est perdu, et ce ne sont pas seulement les poëtes qui doivent le regretter. Que n'avait pas à nous apprendre des secrets de la nature cet être étrange, animal jusqu'à la ceinture, demi-dieu par la tête? J'ai eu longtemps la pensée de refaire, avec les idées de notre époque, le monument que le temps a détruit. Je me contente de citer ici le fragment suivant de mon essai de restauration. J'ai cherché à y peindre les impressions que causerait le spectacle de la succession insensible des êtres à un être immortel.

« Le centaure Chiron, au moment de se séparer de son élève Achille, le conduisit dans l'endroit le plus retiré de son domaine. On n'y voyait que des arbres tombés de vieillesse, l'un sur l'autre, de grands blocs moussus, à travers lesquels perçait dans le ciel la cime dentelée des montagnes. Le torrent qui grondait au loin fit tout à coup silence pour écouter parler le plus sage des êtres.

Alors, le vieux centaure s'arrêta et dit au jeune Achille : Je t'ai appris, mon fils, à te nourrir de la moelle du lion, à manier l'arc et la flèche. Mais retiens ce que je vais te dire. Nul ne pourrait t'apprendre ce qui me reste à te révéler. C'est le dernier mot de la science de Chiron. Écoute-moi : bientôt tu ne me demanderas plus pourquoi je m'ennuie d'être immortel.

D'où viennent les êtres animés qui habitent la terre? De quelle caverne profonde sont-ils sortis? le sais-tu? Moi, je les ai précédés dans le monde, j'ai cherché le secret de leur naissance, dans les jours où il n'y avait que moi qui eus les yeux ouverts sur le chaos.

Pendant des myriades de siècles, l'Océan

fut mon unique compagnon. Je frappais de mes quatre pieds ses rivages déserts, cherchant au loin si ses flots ne m'apporteraient pas quelque être vivant, semblable à moi, pour mettre fin à mon éternelle solitude. Les flots ne m'apportèrent que des coquillages jetés par la tempête sur la grève. Je ramassai quelques-unes de ces coquilles tournées en volutes. Je les interrogeai, je les collai à mon oreille. Je n'entendis que l'écho des orages qui grondaient dans leurs orbes muets.

La lassitude me prit, je m'endormis sur un rocher. A mon réveil, l'Océan avait fui. Je le cherchai, je l'appelai vainement. Où était-il? il avait disparu.

A sa place, s'élevait sur le roc une forêt de noirs sapins qui remplit mon cœur d'angoisse. Ces arbres monstrueux tendaient leurs bras immobiles et ils frissonnaient en semblant menacer.

Je frissonnai comme eux, car c'est la première fois que je les voyais. Cependant, j'osai m'approcher et me confier à leur ombre.

Elle répandit en moi une paix que je n'avais jamais éprouvée. Je leur criai : D'où venez-vous? qui vous fait ainsi trembler au moindre souffle?

Ma voix se perdit dans le bruissement du feuillage.

Je parcourus la terre dans tous les sens et je ne rencontrai personne. Pourtant, un jour, en m'égarant sous les noirs ombrages que le jour ne perçait pas encore, je trouvai des traces de pas sur la terre humide. Mon cœur hennit de joie. Bientôt, je m'aperçus que ces pas étaient les miens. Toujours errant, en quête de je ne sais quelle surprise, ne t'étonne pas si je revenais souvent sur le sentier que j'avais moi-même frayé.

Le soir vint, je rencontrai une armée d'immenses reptiles cuirassés qui se traînaient au bord d'un marécage. En me voyant, ils ouvrirent leur vaste mâchoire. Quelques-uns avaient des ailes membraneuses; ils en battirent les flots et prirent leur vol pour me poursuivre.

Déjà, j'entendais le lourd clapotement de ces ailes qui n'étaient pas encore emplumées. Je me hâtai de fuir au galop. Le retentissement de mes quatre pieds sur le rocher les effraya. Ils retombèrent dans le marais livide, d'un vol oblique, comme celui de la chauve-souris.

Je pris alors, dans mon carquois, une de mes flèches divines, et ce fut la première qui fit résonner mon arc. Depuis ce moment, les reptiles apprirent à me connaître. Ils m'appelèrent leur roi, mais je dédaignai de régner sur eux. Alors, ils me prièrent d'être leur dieu, et se mirent à m'adorer. Je méprisai leurs hymnes rampants.

Une chose m'inquiétait : savoir d'où ils étaient venus. Car j'avais assez visité la terre, pour être sûr qu'ils n'y avaient pas toujours été. Maintenant, le moindre abîme résonnait de leurs coassements; je résolus d'épier la naissance de ces êtres, de manière à ne plus être surpris par l'apparition d'aucune créature nouvelle. Ce fut là ma pensée de chaque jour.

Debout au sommet de la montagne, ou couché sous les fougères qui étaient alors d'une prodigieuse grandeur et me couvraient tout entier, j'épiai le moindre bruit qui pût annoncer la venue d'une figure nouvelle dans le monde des monstres. Car j'avais le pressentiment que ce monde n'était pas achevé et que des hôtes inconnus ne tarderaient pas à surgir.

Les années, les siècles se suivirent; ils ne purent rien sur moi. Seulement les troupeaux d'êtres dont j'étais le berger, m'échappaient, disparaissaient, un à un, en secret. A leur place venaient des successeurs, qui n'avaient presque rien de commun avec les premiers. Quoi que je fisse, il m'était impossible de saisir le moment où le changement s'accomplissait.

A certains jours, je m'apercevais que les reptiles n'étaient plus les mêmes, qu'ils avaient perdu leurs ailes. Bien plus, là où étaient des êtres rampants la veille, je rencontrai le lendemain des êtres portés comme moi, sur leurs pieds.

Comme moi, ils avaient des flancs haletants; comme moi, un vaste poitrail, où habitaient sans doute de divines pensées. Beaucoup aussi s'armèrent de griffes acérées, d'épaisses crinières, de vastes trompes, de dents nouvellement aiguisées.

Je m'approchai d'eux et je leur demandai où ils avaient pris ces armes toutes neuves, et s'ils étaient de ma famille. Ils me répondirent par un sourd rugissement et se jetèrent sur moi pour me dévorer. J'eus peine à échapper à ces furieux, saisis de l'ivresse des corybantes. Ils avaient bu quelque breuvage noir qui inspire la colère.

Rentré dans ma caverne, la curiosité m'aiguillonna chaque jour davantage. Je me figurai que c'était pendant mon sommeil, que les êtres nouveaux entraient dans le monde. Sans doute, me disais-je, à peine j'ai fermé les yeux, ils se glissent tout formés parmi les vivants.

Je résolus de ne plus dormir ni jour ni nuit, que je n'eusse découvert le mystère.

A la clarté des étoiles, je regardais l'immense mer, j'écoutais le bruit des forêts sonores. Rien ne décelait l'embûche; quand venait l'aurore, presque toujours quelque créature nouvelle, inconnue, sortie du néant, terrible ou charmante, tigre ou antilope, passait près de moi pour me railler. Et les meilleurs, les oiseaux, disaient de leurs voix mielleuses et moqueuses :

Vois, Chiron ; dis-moi d'où je viens. Devine si tu peux. Ta science, ô sage, a-t-elle aussi des ailes?

Enfin l'homme parut devant moi. Je reconnus ma figure, mon visage, la flamme de mes yeux. Ses lèvres s'entr'ouvrirent, je reconnus ma voix. Son front s'alluma ; je reconnus ma pensée.

Quoi donc ! Pendant mon sommeil m'avait-il volé ma vie, mon être? La ressemblance descendait jusqu'à la ceinture ; au-dessous, tout différait. Pourquoi n'avait-il pas volé aussi mes flancs, mes reins invincibles, mes pieds ailés que m'envient les éperviers? Les avait-il dédaignés?

Je me comparais à lui et ne savais que penser de ce partage de moi-même. Par la tête, nous étions égaux ; mais par le corps, qui de nous l'emporte? Mon premier désir fut d'étouffer cette demi-image de moi-même avant son premier pas sur la terre. Je le saisis et l'emportai comme une proie ; puis, voyant combien il était faible d'esprit autant que de corps, j'eus pitié de lui.

Je le pris dans mon antre, et lui donnai les premiers enseignements des centaures.

Il était arrivé affamé ; je lui donnai la moelle des lions que je tuai pour le nourrir. Mange, lui dis-je, nous sommes frères, toi et moi. Car, sans doute, nous avons un même ancêtre qui nous a légué à tous deux les traits de son visage.

En parlant ainsi, j'avais oublié la forme de mes pieds.

Quoiqu'il ne sût pas encore parler, il jetait des cris caverneux qui me glaçaient le cœur. Je compris à ces cris qu'il me prenait pour l'un des monstres qui l'avaient précédé. Il regardait fièrement mes longs membres velus et le sabot qui me sert de pied. Il y avait de l'orgueil dans ses vagissements : lorsqu'il poussait son terrible ho! ho! j'imaginais qu'il voulait dire :

Toi! mon frère? vois donc, ô monstre, tes pieds. Va! ta famille est parmi ceux qui broutent l'herbe sauvage; moi, j'appartiens aux dieux.

J'abaissai les yeux sur mon poitrail ; je me vis ou crus me voir pour la première fois. O douleur ! ô honte! la bête en moi me fit horreur. Le désespoir s'attacha à moi comme un taon à mes flancs.

J'aurais voulu m'arracher à moi-même. Ah! si j'avais pu oublier un moment le centaure aux quatre pieds que j'emportais avec moi! Caché à demi dans les herbes des forêts ou dans les plaines de l'Océan, j'essayai de me tromper moi-même. Mais non! Revenu dans mon antre, je trouvais mon hôte. En le revoyant, je sentais son mépris.

Il acceptait mes dons sans m'aimer davantage ; sa voix en me parlant était farouche comme s'il eût parlé à un lion familier ; je lui tendis la main, il la repoussa. De grosses larmes coulaient de mes yeux et tombaient sur mon poitrail. Je pleurai de me sentir immortel.

Cependant j'observai celui qui me traitait en bête de somme. Toujours armé d'une hache de pierre, il partait chaque matin en quête d'une proie. Une fois, je le vis revenir, il tenait dans ses mains un crâne d'homme, dans lequel il allait boire du sang.

Je renversai sa coupe et lui dis : Tu me méprises, moi, Chiron, le plus sage des êtres, à cause de mes pieds rapides ; cent fois, j'ai découvert en toi la cruauté du loup, la perfidie du serpent, la méchanceté du tigre, la timidité du lièvre, la bassesse du reptile. Tu veux bien avoir tous les vices réunis qui grondent dans les animaux ; malgré cela tu prétends n'avoir rien de commun avec eux ni avec moi. Je t'ai tendu la main, tu l'as repoussée. Quand je te verrai sans vices, je croirai que rien ne nous lie, toi et moi, ni dans le présent ni dans le passé ; jusque-là n'espère pas m'abuser. En dépit de toi, nous avons un même ancêtre. Il m'a légué ses pieds, il t'a légué son cœur et son âme de proie.

Ici le centaure s'interrompit ; puis regardant Achille, il ajouta·

Souviens-toi, ô mon fils, de mes paroles, quand tu sentiras la colère monter à ton cœur. Tu sais maintenant pourquoi, en voyant cette perpétuelle succession d'êtres, de générations qui m'échappent et que je ne puis retenir, je m'ennuie d'être immortel. Crains de le devenir à ton tour. C'est le dernier conseil de ton maître Chiron.

A ces mots, il rentra en gémissant dans sa grotte; le jeune héros, aux pieds légers, s'élança au-devant des destinées inconnues qui l'attendaient sous les murailles de Troie. »

LIVRE TROISIÈME.

LA NOUVELLE GENÈSE.

CHAPITRE PREMIER.

PREMIÈRE LEÇON QUE LA NATURE DONNE A L'HOMME. — LES ÊTRES MICROSCOPIQUES. — SI LA NATURE A COMMENCÉ PAR LE GRAND OU PAR LE PETIT. — ÉPOQUE PRIMAIRE. — QUEL ÉTAIT ALORS LE ROI DE LA CRÉATION. — LA NATURE AVEUGLE. — FORMATION DE L'ORGANE DE LA VISION. — LE PREMIER OEIL OUVERT.

Au commencement s'étendait la mer des premiers âges, et la terre était en partie cachée sous ses flots. Mais où s'arrêter, si l'on veut remonter à la première source de vie, puisque déjà les éponges se déposaient dans la silice, et les foraminifères dans les schistes cristallisés? Sous les eaux se forme une végétation marine, fucoïde; des êtres microscopiques, foraminifères, bryozoaires, mousses vivantes, précédés d'animalcules plus impalpables, construisent de leurs coquilles et de leurs enveloppes testacées les premiers fondements de la nature vivante.

Ces imperceptibles ouvriers, qui bâtiront plus tard les roches de Thèbes et de Paris, travaillent dès lors, dans le fond des gouffres, à maçonner, paver les constructions sous-marines sur lesquelles s'élèveront toutes les assises végétales et animales des mondes à venir. J'ai dit que ces premiers artisans de l'abîme sont imperceptibles; par là, ils donnent le démenti aux fantaisies humaines, qui, éprises seulement des apparences, imagineront que tout a commencé par le grand, le colossal.

Pesez ces premières générations d'êtres animés. Trois millions huit cent quarante mille de ces premiers architectes sont renfermés dans cette once de sable que vous tenez dans le creux de votre main. Ce sont eux qui posent les premières assises du monde organisé; ils les feront assez solides pour qu'elles puissent supporter le faix de tous les âges.

Ainsi tombent pour jamais les faux systèmes qui ne croient qu'à la puissance des géants. La première leçon que la nature donne à l'homme, c'est que l'infiniment petit est égal, en puissance, à l'infiniment grand. Dès le premier pas, elle s'appuie, non pas comme on l'a cru longtemps, sur des colosses, sur le béhémoth de Job ou le palæothérium de Cuvier, mais sur des animalcules si frêles, si insaisissables, qu'ils avaient échappé jusqu'à nos jours à l'œil de l'homme. Ils n'existent pour lui que d'hier, eux qui ont précédé toute chose vivante.

Ajoutons encore ceci : ces infiniment petits, si mal défendus, si bien faits pour périr, qui devaient être écrasés les premiers sous leur œuvre, ont survécu à tous les temps, à toutes les formes, à toutes les organisations. Tels ils étaient au premier jour du monde, tels ou à peu près ils sont encore aujourd'hui. Mille fois leur édifice a été bouleversé sur eux sans qu'ils aient pu périr. Tant il est vrai que le petit est l'égal du grand, qu'il est au moins son ancêtre et lui survit presque toujours.

Au-dessus de ces premiers artisans du globe, quel était alors le roi de la création ? C'était le trilobite. Pendant que les foraminifères et les bryozoaires tapissaient le fond de l'Océan et y construisaient leurs mosaïques, déjà le trilobite nageait dans des eaux moins profondes. Armé de son bouclier aux trois lobes, ce petit crustacé fut le premier qui osa se mouvoir librement, visiter des lieux différents, chercher de nouveaux rivages à travers l'univers inconnu.

Il fut aussi le premier des êtres qui eut des yeux capables de voir.

Avant lui tout être naissait aveugle, restait aveugle, comme si la nature encore informe n'eût voulu se donner en spectacle à aucun être vivant. Qu'était-ce, en effet, que ces taches colorées, ces points souvent imperceptibles qui tenaient la place des yeux dans le groupe naissant des zoophytes et des annélides? Ne dirait-on pas qu'à de pareils témoins la nature a voulu rester encore cachée? Tout ce qu'ils peuvent faire est de discerner la lumière des ténèbres, le jour de la nuit. C'est pour eux le comble de l'existence et de la connaissance. Ces premiers êtres organisés palpent le point qu'ils occupent; ils ne le voient pas.

Enfin vient le trilobite; il a un véritable organe de vision, autrement qu'à l'état rudimentaire. Et ce premier œil, informe, réticulé, à la surface bosselée, que vit-il en s'ouvrant dans l'abîme? Des mollusques flottants de petite taille, point de poissons encore, ni de reptiles, ni de vertébrés d'aucun genre, mais de nombreux zoophytes, coraux, crinoïdes, lingules, étoiles de mer, parmi lesquels il cherchait sa nourriture. Pour échapper à ses ennemis (car il en avait déjà), il se roulait en boule et se laissait emporter par l'Océan aveugle. On a compté jusqu'à vingt métamorphoses successives de ce premier des crustacés à travers les formes diverses de son existence.

Il vivra assez pour rencontrer, à la fin, le regard fixe, l'œil déjà presque achevé des grands mollusques céphalopodes; tant l'organe de la vision a été développé, perfectionné sans relâche, d'époque en époque, depuis le point coloré (1) des zoanthaires jusqu'aux deux gros yeux des ammonites et des bélemnites, qui se rapprochent de ceux des vertébrés. Déjà, dans chaque coin de l'abîme, il y a un œil ouvert, au fond des mers primordiales. Il regarde, il voit. La nature vivante a cessé d'être aveugle.

Le trilobite, ancêtre des crustacés, fut aussi l'un des premiers êtres qui disparut du monde

---

(1) Milne Edwards. *Zoologie*, p. 539, 548.

naissant. On ne le trouve plus, dans l'époque primaire, dès la fin de la mer silurienne. Par sa disparition, il marque une ère nouvelle.

Au sein de l'univers qui s'entr'ouvre, il annonce, il publie que tout sera changement, instabilité; que les formes des organisations passeront, comme la figure du monde; que la durée n'appartient à aucun être. Son bouclier aux trois lobes ne l'a pas défendu contre les atteintes du temps; ainsi, non-seulement les individus meurent, mais aussi les espèces et même les genres.

A l'extrémité la plus reculée de l'horizon des âges, cette mer silurienne a déjà ses révolutions. Elles sont cachées dans les gouffres où la vie sous-marine se développe loin de la lumière libre du jour. Point de continents encore ; peut-être déjà quelques deltas, ou des plages, ou des îlots nus, rasant au milieu d'une eau profonde; ces points battus des flots marquaient la place future de l'Angleterre, de la Russie, de la Bohême, du Canada.

Nulle créature ne s'était encore aventurée hors des mers tièdes; çà et là, les tempêtes jetaient sur la rive une algue déracinée, un coquillage bivalve, que le flot reprenait et rendait à l'Océan. Nul être ne s'était essayé à vivre sur la terre qui manquait presque partout; nul témoin n'avait encore levé la tête au-dessus de la mer et osé regarder en face l'univers, il restait lui-même plongé et perdu dans l'abîme.

CHAPITRE II.

SECONDE JOURNÉE. — LA FORÊT CARBONIFÈRE. — SES HABITANTS.
SI LE MONDE A COMMENCÉ PAR LA VIEILLESSE.

Nouvelle journée. Les montagnes étaient prosternées au fond des mers. Une plage émerge entre deux bas récifs; sur cette plage sont jetées des plantes marines qui, arrachées par la tempête, déposent un premier limon d'où surgissent les premières plantes terrestres, d'abord des lichens, puis des mousses qui se cramponnent au rocher comme des naufragés. Règne obscur des cryptogames, ils posent les premiers le pied sur la terre ferme.

Ils la possèdent; ils ne s'en laisseront arracher par aucun orage. Combien de siècles de siècles la posséderont-ils seuls et sans partage? Qui le saura jamais? Époque des plantes rampantes, elles abondent comme la chevelure trempée d'un homme qui surgit du fond des eaux.

Enfin, parmi elles s'élève la fougère. Elle se dresse au-dessus de la population naine qui l'enveloppe, elle glisse partout ses frondes onduleuses, n'ayant besoin pour végéter que d'un peu de poussière humide. Dans sa croissance rapide, elle devient arbre, forêt ; et à mesure que les vents la déracinent et la couchent sur le sol, elle fait la première litière des troupeaux d'êtres qui n'ont pas encore paru. Autour d'elle montent des monocotylédonés, qui ressemblent à des bambous ou à des prêles gigantesques. Celles-ci forment des colonnes végétales qui percent de leurs fûts le fouillis des fougères arborescentes. Les vents frappent l'un contre l'autre les troncs écorchés des sigillarias, des lépidodendrons, des calamites ; ils en tirent des mugissements sourds, comme de la nature en travail qui enfante.

Aucun de ces végétaux ne dépassait en grandeur les arbres actuels ; second démenti au préjugé qui donne des formes colossales à toutes les origines.

La fleur manquait aux plantes, avec la fleur le parfum. Tout était, pour ainsi dire, végétation, mais sans odeur, sans épanouissement, sans couronne. Le monde ne savait pas ce que c'est qu'une fleur; lui-même n'était pas encore épanoui. Une abeille, si elle eût pu exister, n'eût pu trouver sur toute la surface de la terre de quoi désaltérer sa soif de nectar.

Telle fut la première forêt sur la plage rasante de la mer carbonifère. Plus de cent forêts semblables, nées de la première, devaient s'ensevelir l'une sur l'autre, avant que le temps parût marcher et apporter un changement quelconque dans cette île égarée au milieu de l'Océan. Cependant des rivières d'eau douce la traversent, et se mêlent à l'eau saumâtre, en formant des deltas, dans les golfes et les estuaires.

Était-elle habitée par quelque être vivant? Il y avait déjà des insectes souterrains, aveugles, les fourmis blanches ou termites. Le grillon s'y faisait entendre; le chœur des cigales, dont parle Platon, rompit le premier l'éternel silence de la nature organisée. Des scorpions, des scarabées, des crabes se traînent sous les plantes lacustres et palustres.

Enfin, voilà sur la tourbe des empreintes de pas! A qui appartiennent-ils? Qui a laissé derrière lui la trace de ces quatre pieds inégaux aux cinq doigts, suivis d'une main à quatre doigts? Est-ce la salamandre du terrain houiller? Non! c'est un grand batracien, labyrinthodon, grenouille de la taille d'un bœuf. Après lui voilà, sortis des marais, sept autres reptiles, les plus anciens du monde. Ils atteignent déjà à une grandeur d'un mètre; ils ne se fient encore qu'à demi à cette terre ferme nouvellement apparue. Leur principal séjour est dans la mer; ils ne visitent l'île qu'à la hâte.

Intermédiaires entre deux formes (les batraciens et les sauriens), comme entre deux éléments, ils n'abordent le nouveau que pour se replonger dans l'ancien. Terre inconnue, nouvelle, ils viennent d'y laisser la trace de leurs premiers pas, à l'air libre; pour la première fois, ils ont essayé de la respiration aérienne. Effrayés de leur tentative, au bruit de quelques cycadées que le vent a renversées, voyez-les fuir le jour et rentrer dans le gouffre accoutumé.

De rares poissons l'habitent, dont les os ne sont encore qu'un cartilage mou, ancêtres des requins et des raies. Ils apparaissent comme les avant-coureurs du monde des poissons

Déjà parmi les coquillages des genres entiers se sont perdus. Nous ne sommes en apparence qu'au premier moment de la nature vivante, et déjà que de formes elle a rejetées, que de moules elle a brisés qui ne se retrouveront plus! Elle a modifié, renouvelé, anéanti des ordres entiers. Les trilobites ont passé; ils ne reparaîtront pas. Les mœurs des premiers êtres, rayonnés, articulés, mollusques, ont changé comme les formes.

N'est-ce pas encore une fois le signe ou l'avertissement que l'immutabilité n'existe qu'aux yeux de l'éphémère? Préparons-nous donc au spectacle de cette vie universelle, qui, éternellement jeune, se corrige et se rajeunit éternellement. Après ce que nous venons de voir, qui oserait dire encore, avec Bernardin de Saint-Pierre ou avec Chateaubriand, que le monde a commencé par la vieillesse, la végétation par l'arbre centenaire, l'animalité par le cadavre, ou même avec Buffon que les organisations principales sont restées immuables? Nous ne sommes encore qu'à la seconde page du livre de la nature; épelons la troisième.

CHAPITRE III.

ÉPOQUE SECONDAIRE. — RÈGNE DES AMMONITES. — PREMIER DÉFI A L'INTELLIGENCE HUMAINE. — SI LE TEMPS SUFFIT POUR CHANGER LA FORME DES ÊTRES. — COMMENT LA NATURE PASSE DU PETIT AU GRAND.

En ce temps-là les Alpes avaient encore le front caché sous la mer helvétique. A peine quelques-unes perçaient d'un bas récif dans le Valais, au-dessus de l'horizon. Des herbes marines se nouaient autour de leurs têtes, comme sur la tête d'un dieu marin. On dit que les deux colosses, que je vois d'ici fermer le Valais (la dent du Midi et la dent de Morcle), étaient agenouillées dans le marais, et qu'entre elles s'étendait la forêt carbonifère. Des îles semblables à celle que je viens de décrire marquaient d'autant de points la surface du globe : la plus grande était l'Atlantide ; elle commençait à surgir entre l'Amérique et l'Europe, s'il faut en croire la science, quand elle confirme la fable.

Jusqu'ici le travail de la nature a pu s'accomplir lentement au sein d'une mer tranquille. Mais voici une tempête qui s'élève des entrailles du globe. La forêt primitive, carbonifère, est troublée dans son repos séculaire par les éruptions des roches ignées. Le porphyre est vomi à la surface de la terre. C'est un âge nouveau, l'âge permien, qui vient clore violemment l'époque de repos relatif où les générations d'arbres centenaires se sont entassées les unes sur les autres, dans les dépôts successifs de tourbe, de houille et d'anthracite.

Rien ne semblait devoir mettre un terme à cette éternité muette, que remplissait seule le cri de la cigale, à travers les îles peuplées de fougères. Cette éternité végétative est close, une autre commence.

Par où l'on voit que si la nature se plaît dans le travail continu et la succession progressive des formes, elle sait aussi s'interrompre brusquement et ouvrir subitement la porte à des œuvres nouvelles. A ce moment, elle ferme avec éclat l'époque première que nous venons de parcourir.

Elle ouvre l'époque secondaire ; et, comme la crise a été brusque, il faut s'attendre à ce qu'un grand nombre d'espèces végétales et animales aient péri pour toujours dans le cataclysme. D'autre part, la configuration extérieure du globe ayant changé, il se peut que ce changement en produise d'analogues dans la forme d'une partie des êtres qui viendront désormais au jour.

Après ce grand trouble, qui a bouleversé le monde naissant, si nous jetons les yeux sur les époques suivantes, nous voyons la nature rentrer dans le calme, et les grandes mers triasiques, liasiques, envelopper de nouvelles îles, y déposer, en bancs tranquilles, la dépouille d'êtres nouveaux. Un œil inexpérimenté croirait retrouver les mêmes végétaux et les mêmes animaux que dans les temps précédents. Il croirait revoir exactement les mêmes cycadées dont les analogues croissent encore au Chili, les mêmes fougères, les mêmes prêles monstrueuses. Un esprit plus attentif apercevrait que presque tout est dissemblable, et que le temps qui a marché a emporté avec lui les anciennes formes.

Les prêles aquatiques ont perdu de leur taille,

les calamites ont disparu. Mais combien les insectes ont augmenté de nombre! Déjà une partie sont les ancêtres de ceux d'aujourd'hui. La terre, muette auparavant, commence à résonner du bruissement des familles innombrables de scarabées qui se nourrissent des bambous du lias. La plupart sont plus petits que les espèces actuelles. Les fourmis, les guêpes commencent à paraître. Une foule de libellules de grande taille, de gyrines, s'agitent à la surface des eaux, et les patriarches du monde du chant, les cigales, achèvent de rompre pour toujours le silence du monde primitif.

Quoiqu'aucun oiseau ne mêle encore sa voix au bruissement des insectes, ce murmure marque assez que l'on est sorti des temps muets du monde carbonifère, et que la nature est entrée dans un âge de vie et d'adolescence. Comment en douter quand on rencontre des formes toutes nouvelles d'êtres animés? Dans l'époque précédente, les poissons n'étaient qu'une tribu rare, clairsemée, autour des rivages, dans le désert de l'Océan primaire. Maintenant cette tribu peuple les eaux; elle montre dans ses formes une première ressemblance avec le type des sauriens.

Si le mouvement et la vie commencent à pénétrer partout, il y a des êtres nouveaux qu'il est impossible de confondre avec ceux des temps précédents. Telles sont les coquilles, aux larges volutes, enroulées sur elles-mêmes, les ammonites qui, flottant, nageant, semblent les rois de ces mers triasiques et liasiques ; car elles savent se faire des demeures royales, moirées, lambrissées de couleur de pourpre, que des millions de siècles n'ont pas toujours réussi à effacer. Innombrables, elles ont pris partout possession du monde du trias et du lias ; elles lui laissent leurs empreintes ; elles inscrivent à chacun de ses étages leurs figures et leurs médailles.

Il y en a de petites qui semblent se perdre dans les foraminifères que l'on a appelés des ammonites lilliputiennes ; il y en a de grandes comme la roue d'un char ; et c'est par là que l'on voit encore avec quelle facilité la nature passe du petit au grand, développant l'un, réduisant l'autre, sans attacher trop d'importance aux différences de dimensions qui disparaissent pour elle dans l'unité d'un type semblable ; elle étend ou elle raccourcit le rayon du cercle décrit par l'ammonite, sans sortir des conditions du genre. C'est donc le cercle qu'il faut considérer, et non pas sa grandeur ou sa petitesse.

Par là, nous sommes avertis de ne pas trop nous étonner quand nous rencontrerons des formes colossales, dans un ordre ou dans un autre. Nous en chercherons les parents dans des commencements souvent imperceptibles. Nous nous délivrerons ainsi d'une première illusion qui entrave l'intelligence à ses débuts dans l'étude de la vie universelle. Le genre de l'ammonite, tantôt grand, tantôt petit, restant le même à travers de prodigieuses différences de dimension, nous apprendra à chercher dans les êtres autre chose que la grandeur ou la grosseur; et cette première notion s'appliquera presque également pour nous à l'histoire naturelle, à l'histoire civile, aux êtres organisés et aux figures mathématiques.

CHAPITRE IV.

QUE LES FLORES ET LES FAUNES SONT L'EXPRESSION VIVANTE DES DIVERS AGES DU GLOBE. — RÈGNE DES REPTILES. — A QUEL MONDE SONT-ILS CONFORMES? — DE LA CHRONOLOGIE DE L'ÉTERNEL.

Voilà justement que, dans le voisinage des ammonites, je rencontre deux êtres extraordinaires, deux reptiles, l'ichthyosaure et le plésiosaure, qui sont comme les gardiens de ce monde nouveau. Forme, grandeur, tout m'étonne en eux. Je vois bien qu'ils sont faits pour habiter la mer; car leurs vertèbres ressemblent à celles des poissons, et ils ont déjà des nageoires comme celles d'un marsouin ou d'une baleine. L'un d'eux, le plésiosaure, étend son cou d'une longueur démesurée, et il le soulève par intervalle hors de l'eau. L'ichthyosaure, au cou roide et court, a plus de sept mètres de long.

Plus loin, au bord d'un estuaire, est le labyrinthodon, qui laisse après lui les traces profondes de ses pieds sur le limon. Quel devait être le coassement de cette grenouille gigantesque au bord des lacs saumâtres? De quelles voix retentissait alors la plage? Figurez-vous un bœuf qui se mettrait à coasser.

Tous ensemble vont porter le ravage dans le monde paisible des mollusques. Ils en broient les coquilles nacrées, et se repaissent de poissons et de reptiles. Nul être ne peut résister à leurs mâchoires de carnivores; ils deviennent les souverains du monde triasique et liasique.

Ce sont eux qui jettent les premiers le défi à l'intelligence humaine. Ils nous obligent de nous faire cette question, comme au temps de Job: Qui a armé de leurs dents Léviathan et Béhémoth? La réponse a été préparée par les réflexions et par les faits qui précèdent.

Depuis que je sais que le petit produit le grand, je n'éprouve plus le même étonnement à la vue de ces monstres. Au bord des îles de la mer triasique, ils se traînent à l'ombre des fougères dont ils courbent les troncs sous leurs ventres massifs. Je les entends broyer les coquilles incrustées dans les bois flottants à la surface des eaux saumâtres; mais ils n'épouvantent plus mon imagination, comme les représentants d'un insondable mystère.

Ils ne me déconcertent plus par leur subite grandeur. Je me dis qu'ils ont été précédés par des ancêtres plus petits qui se dérobent à moi, que l'œil de la science n'apercevra peut-être jamais, et qui certainement ont existé quelque part. Je n'ai pu les saisir dans l'époque antérieure, permienne, silurienne. Ils m'ont échappé dans les abîmes par leur petitesse; si cette première réponse ne satisfait pas ma curiosité, elle donne pourtant un appui à ma raison.

Cependant la grande question du siècle est toujours là; elle se pose ici avec une force terrible par la voix de ces colosses. D'où venons-nous? crient ces monstres.

Il faut une réponse à ces sphinx dévorants, qui ont bien d'autres dents et d'autres mâchoires que le sphinx d'Œdipe. Voyons s'ils me laisseront passer outre quand j'aurai ébauché la seconde réponse qui se présente à moi. Je la ferai non sans crainte; car je suis évidemment ici dans le plus grand danger philosophique que j'aie couru de ma vie, et, si un Dieu ne m'assiste, je cours risque d'être dévoré. Essayons.

Il est certain que des formes colossales ont surgi. Quelle en est la cause? Dire qu'elles étaient d'abord insaisissables par leur exiguité ne suffit pas; car il reste toujours à savoir pourquoi l'insaisissable est devenu apparent, le latent manifeste, et le petit colossal. Faisons donc un pas de plus vers le gouffre. Et vous, vertes fougères primitives, cycadées aux feuilles grêles, couvrez-moi, protégez-moi de votre ombrage sacré jusqu'à ce que j'aie traversé cette partie, sans contredit la plus difficile de mon pèlerinage à travers les êtres qui ne sont plus.

Je vois distinctement que le temps seul, en accumulant les siècles et les transformations successives des espèces, et leurs métamorphoses même à la manière des insectes, vers, larves, papillons, ne suffit pas pour rendre compte de l'apparition d'êtres nouveaux. Il faut faire entrer dans le problème un élément plus puissant que ceux que je viens d'énumérer. Cet élément quel sera-t-il? Cherchons-le.

Dans tout ce qui précède, il est une première lueur à laquelle je veux m'attacher plus attentivement. J'ai vu que les époques, où de nouvelles formes ont apparu dans la flore ou dans la faune, sont celles où le globe a subi quelque grand changement dans sa configuration. Toutes les fois que la face de la terre a changé de forme, la population végétale et animale a changé en même temps; du moins elle a produit des types, ou des genres, ou des espèces qui n'existaient pas auparavant. Que sont les âges géologiques, sinon les différentes formes qu'ont reçues les continents? Et comment les âges sont-ils reconnus et caractérisés? Par certains types organisés qui leur appartiennent en propre et qui les représentent. En un mot, telle terre, telle plante, tel animal.

Attachez-vous à ce grand fait incontestable, et tirez-en la conséquence; après avoir reconnu que les changements dans la configuration du globe coïncident avec les changements dans la configuration des êtres organisés, que reste-t-il à faire? Une chose : tenir les uns pour la cause principale des autres; c'est là une nécessité à laquelle l'esprit ne peut que difficilement se soustraire.

N'avons-nous pas vu la terre silurienne, carbonifère, permienne, triasique, liasique se peupler successivement d'êtres différents? Chacune des révolutions du globe ne s'est-elle pas réfléchie dans le monde organisé? N'est-ce pas parler assez clairement? Eh quoi! à mesure que la terre vient à surgir, qu'elle reçoit un premier développement, que ce qui n'était d'abord qu'un point devient une plage, la plage une île, l'île un archipel, l'archipel un continent, à mesure que la configuration première se complique, que le théâtre s'agrandit, une certaine forme végétale ou animale correspond à chacun de ces changements.

Cela ne nous induit-il pas à penser que la flore et la faune sont l'expression vivante d'un certain âge historique du globe, que la vie a pris tour à tour la forme et la figure du monde qui la contient; que si le monde ne changeait pas, les êtres qui l'habitent ne changeraient pas davantage; qu'au contraire, si de nouveaux continents émergeaient, si de nouvelles vertèbres s'ajoutaient aux grandes masses terrestres, il se ferait une modification analogue dans le monde organisé ; des espèces inconnues se produiraient et se développeraient, en même temps que des parties nouvelles du globe viendraient à surgir du fond des mers.

Et quand je dis que la constitution de la terre, en se modifiant par une autre configuration, apporte avec elle un autre type et consacre un autre dessin sur lequel se modèle toute la vie organisée, je ne prétends pas que le globe ait en soi la faculté de donner son moule à l'argile vivante. Je prétends seulement que la partie réfléchit le tout, que l'émersion de nouveaux continents change, pour chaque être, les conditions de l'existence; que la plus petite comme la plus grande des créatures ressent le contre-coup de pareils changements; que nul n'y échappe, ni le mollusque, ni le reptile ; que chacun se fait, se proportionne au nouvel univers; et suivant que la révolution du globe a été lente ou violente, l'espèce a changé insensiblement ou violemment, et du petit au grand, elle s'est ordonnée sur le plan de l'univers renouvelé.

Dans l'époque permienne, la structure du globe ayant été bouleversée, il en a été de même de la nature vivante. De nouveaux types, de nouvelles espèces ont fait, pour ainsi dire, explosion dans un temps rapide; puis, tout s'étant calmé et le travail de formation du globe, dans l'époque triasique et liasique, s'étant de nouveau accompli lentement, la figure du monde fut modifiée d'une manière insensible, et les grandes formes de cette époque, cette population de sauriens qui nous étonnent, ont eu le temps de naître, de grandir, de s'accroître en secret, de nous dérober leurs origines, jusqu'au moment où ils nous apparaissent subitement, la gueule béante, au bord de l'île du lias, tout armés et gigantesques.

CHAPITRE V.

LES REPTILES, LEURS RAPPORTS AVEC LE MONDE SECONDAIRE. — QUE LES RÉVOLUTIONS DU GLOBE SE RÉFLÉCHISSENT DANS LE MONDE ORGANISÉ.

Mais pourquoi justement à cette époque? pourquoi cette population de chéloniens, de crocodiliens, de sauriens se produit-elle au temps de la terre triasique, liasique, et non point de telle autre? Pourquoi répond-elle principalement à cet âge du globe? Il me semble que j'en entrevois la raison.

De la même manière que, de nos jours, il est difficile de se représenter le chameau sans l'associer au désert, il est également difficile de ne pas associer les grands sauriens, crocodiliens à la forme de la terre triasique, dont ils étaient les principaux habitants. L'ichthyosaure venait à la surface de l'eau pour respirer l'air atmosphérique ; sa tête colossale surgissait au milieu des roseaux du rivage. Le plésiosaure fut le premier qui s'aventura à sortir de l'eau, à la dérobée. De son col de serpent il fouillait le creux du rocher à demi émergé, et se hasardait assez loin pour poursuivre les poissons naufragés sur la côte.

Après eux parurent les tribus nombreuses des crocodiliens. Ils osèrent faire un pas de plus. Ils s'aventurèrent sur la plage. Mais quelle terre trouvèrent-ils devant eux ? Basse, marécageuse, étroite ; la petite île liasique ne sollicitait d'aucun être un effort puissant pour en prendre possession. Quand le troupeau des sauriens s'était traîné sur la vase, aucune proie ne l'attirait ; il s'arrêtait. Une patte informe, courte, palmée, l'arrière-bras serré au corps, suffisait pour occuper et visiter ce banc de terre informe, étroit, qui, tour à tour, noyé et émergé, offrait un séjour amphibie à une vie amphibie.

Et comme, sur cette vase desséchée, où chacun se traînait lentement, il n'y avait pas de péril à éviter, il n'y avait aussi ni nécessité ni désir de fuir et de se hâter. C'est dans ce sens que l'on peut dire que cette première figure du globe imposa sa forme à ses premiers habitants.

Cette forme fut celle des reptiles. Là où le sol manquait, le mode de progression terrestre ne pouvait se développer. Il n'était besoin ni de marcher, ni de courir, ni de voler ; il suffisait de ramper. Avec les sauriens, se hasardaient les tortues ; comme il s'agissait pour elles de se poser à terre, et que cette terre n'était qu'un point, elles n'eurent pas besoin de se hâter ; sur cette terre rampante, elles n'eurent qu'à ramper pour mesurer et conquérir leur domaine ; elles reçurent là comme un sceau d'immobilité.

Sur cette langue de terre, si la patte, le pied ne pouvaient se développer par le mouvement et la rapidité, comment l'aile aurait-elle pu croître et se déployer? La nécessité de l'aile ne se comprend que lorsque de grands espaces terrestres s'ouvrent à l'horizon, qu'il faut les traverser pour atteindre une proie visible de loin, ou pour changer de climats par les migrations, de lieux en lieux, dans une autre contrée.

Mais sur la plage perdue de l'époque liasique, quel être avait besoin de prendre l'essor pour parcourir un si étroit domaine? Aussi les oiseaux manquent encore. Lorsqu'un premier vestige d'aile paraît, c'est l'aile d'un reptile, le ptérodactyle, avec la gueule dentée d'un saurien, et deux ailes membraneuses. C'est assez pour lui, car il ne s'agit pas de traverser de vastes océans pour aborder des continents qui n'existent pas encore; il ne s'agit pas de plonger en un clin d'œil du haut d'un roc inaccessible dans une vallée béante. Il n'y a encore ni montagnes ni vallées, mais un sol uni, rare, rampant, échancré, où tous les objets sont rapprochés. Que le reptile, caché dans le marécage, puisse happer au vol un essaim de libellules ou les grands scarabées, cela suffit à son premier instinct de mouvement.

Le temps du vol véritable n'est pas encore venu; l'aile ne se déploiera, dans sa grande envergure, qu'avec le déploiement et l'envergure des terres fermes, avec le soulèvement des montagnes, l'approfondissement des vallées, le changement des climats, des températures, l'émersion des archipels et des continents, qui offriront des lieux de repos pour les vastes traversées et un but aux migrations lointaines.

Des colosses aux pieds palmés, tels que les reptiles, voilà donc le type supérieur d'organisation animale qui répond à la terre liasique ; réciproquement cette terre secondaire est conforme à cette faune amphibie. Le type des sauriens aura beau changer avec des époques nouvelles, il porte au front le sceau indestructible de cet âge du monde.

Aujourd'hui les crocodiles du Nil, les gavials du Gange, les caïmans de l'Amazone diffèrent, par beaucoup de traits, de leurs ancêtres. Le temps, la succession des événements géologiques ont agi sur cette dure postérité, en modifiant ses dents, ses mâchoires, ses rames ; mais rien n'a pu effacer le premier caractère, celui qu'elle a reçu de l'âge du monde où son type a paru pour la première fois. Partout où un crocodile, un caïman épie sa proie au bord d'un delta, il porte témoignage de l'époque engloutie qui lui a donné son empreinte. Il fait revivre, en partie, cette époque ; il la perpétue, il éternise pour nous cette première forme du monde, dans l'île triasique, liasique, qui semble de nouveau émerger et ramper avec lui à la surface des anciens océans.

Ainsi les âges du monde ne s'écoulent pas sans laisser une figure vivante d'eux-mêmes. Ils s'impriment d'une manière ineffaçable dans les créatures qui se succèdent. Ils revivent en elles. Chaque moment de la durée s'est pour ainsi dire fixé dans un type, une espèce, une famille qui le représente. Si le désert disparaissait, il serait encore figuré dans le chameau. A ce point de vue, la série des êtres organisés reproduit, de nos jours, la série des grandes époques écoulées. Chaque végétal, chaque animal, ramené à son type, est comme une date fixe dans la succession des événements qui forment l'histoire du globe.

Ce ne sont donc pas seulement les fossiles qui attestent la figure du passé; l'éternité vivante veut être éternellement représentée par des vivants. Tel escargot rappelle le gastéropode de l'âge primaire; tel crustacé, le trilobite de l'âge palæozoïque; tel nautile, l'ammonite de l'âge secondaire; telle tortue, le monde rampant à la surface de l'océan triasique; tel crocodilien, la terre du lias, un moment apparue et de nouveau submergée, terre amphibie, qui, après avoir goûté l'air libre, se replonge dans l'abîme.

Peut-être un jour l'histoire naturelle pourra donner à chaque être organisé sa place dans cette chronologie de l'éternel; ce sera l'ordre suprême que la science cherche encore.

Nous voilà débarrassés de l'effroi que nous causaient les formes étranges des reptiles de l'âge secondaire; nous pouvons, je crois, passer outre et nous dire que nous les avons apprivoisés, puisque nous nous les sommes expliqués en partie. — Oui, répondrez-vous; mais leurs dimensions colossales, il faut bien en dire un mot.

Pourquoi ces reptiles gigantesques dans ces petites îles? Parce qu'à l'origine, ils ne faisaient que raser les côtes pour respirer, par intervalle, l'air libre. Ils tiraient leur substance de la mer, et rien n'y manquait pour alimenter ces colosses. Ils purent se développer et grandir à leur aise, dans ces premiers océans où pullulait déjà la vie organisée; en sorte que si la terre rare et basse explique leur mode de progression de reptiles, la mer poissonneuse, comme dit Homère, explique leurs proportions gigantesques.

CHAPITRE VI.

TABLEAU DE LA MER JURASSIQUE. — COMMENT L'HOMME PEUT FAIRE REVIVRE DEVANT LUI TEL OU TEL AGE DU MONDE. — FAUNE INSULAIRE.

Nouvelle époque. Mer jurassique. La nature semble revenir à ses commencements. Voyez encore une fois ce point presque imperceptible sur la face de l'Océan; ce point est, encore une fois, l'embryon d'un nouvel univers : c'est un îlot, moins que cela, un banc de corail protégé à l'entour par une muraille végétale, construite d'algues, qui lui sert de brise-lame. Les polypes qui ont bâti cette ruche de pierre, en ont posé les fondements à deux cents pieds au-dessous de l'eau. Maintenant qu'ils sont arrivés à cette hauteur, ils s'arrêtent, ils périssent; mais d'autres ont travaillé sur le même plan, et, tous ensemble, ils ont formé une enceinte circulaire de corail que les débris rejetés par les flots élèvent de trois pieds au-dessus du niveau de l'Océan.

Voilà l'île jurassique. La nature s'assied sur ce premier trône de corail pour procéder à de nouvelles formes de terres et de vie végétale et animale. Sur les bords croissent les fucus, qui mêlent leurs couleurs, violette, rose, carmin, pourpre, aux couleurs changeantes des flots. Plus loin, les étoiles de mer, les coquillages de pourpre, les madréporides, les astérides et d'innombrables multitudes d'animalcules luisants éclairent de leur phosphorescence la nuit éternelle de l'abîme. Plus loin, la vie expire à trois mille pieds de profondeur.

Les bois et les buissons sous-marins que forment les polypes se changent en pierre, et sont les soubassements et les arcs-boutants de l'île. A travers cette forêt de pierre habite une population de mollusques; les uns se fixent au rameau de l'arbre de corail, les autres toujours errants se traînent sur leurs têtes ou sur leurs bras; mais cette cité sous-marine n'échappe pas à ses ennemis, les poissons l'envahissent : ils broutent, comme dans un pâturage, la forêt vivante.

A la première vue, cette île se distingue aisément de l'île carbonifère, car elle ne s'annonce pas de loin par une haute et riche végétation. Elle ne porte que de rares cycadées, des palmiers à éventails qui en dessinent les contours. Elle apparaît aujourd'hui, à l'extrémité des temps, telle à peu près que les îles nouvellement découvertes dans l'océan Pacifique. Nous pouvons, à l'heure où je parle, nous faire une image approximative de ce monde perdu, en suivant les vaisseaux de Cook à travers les archipels de l'Océanie.

L'homme peut, à son gré, évoquer devant ses yeux et faire revivre tel ou tel âge du globe; il n'a besoin pour cela que de considérer tel ou tel aspect du monde actuel. C'est pour cela que le spectacle de certains paysages provoque en nous des sentiments si inexplicables : il nous replace devant les yeux un passé dont nous n'avons aucune connaissance.

Par exemple, la vue de la terre de Kerguélen ou de la Désolation nous ramène, en un moment, à l'impression de la mer silurienne ou cambrienne. Ceci est encore plus manifeste pour les époques postérieures. Avec Cook, je crois aborder dans un port de la mer jurassique. Ce point perdu à l'horizon que vient de signaler le pilote, et qui en approchant se change en un récif, un atoll, une lagune élevée de trois pieds au-dessus de l'Océan; ces quelques palmiers à éventails sur lesquels le capitaine Cook a mis le cap, cette passe étroite dans l'enceinte circulaire, ce sol nu, ces plantes herbacées, cette absence de quadrupèdes, ces crocodiles bâillant sur le rivage dénudé, ces petits rongeurs égarés à travers les reptiles, cette anse de corail où jettent l'ancre les deux vaisseaux *la Résolution* et *la Découverte*, tout cela a supprimé pour moi l'intervalle incommensurable qui me sépare de l'âge secondaire du globe. Je vois, je touche, j'aborde l'île jurassique. Je jette l'ancre dans la mer qui s'est retirée depuis des myriades de siècles.

Si cette impression de l'Océanie de nos jours aide l'esprit humain à se figurer la forme du monde à l'époque jurassique, si c'est là un moyen de rassurer l'imagination, de combler l'intervalle qui nous sépare de l'univers naissant, faisons un pas de plus pour atteindre la réalité.

A l'Océanie substituons l'Europe et l'Asie ; à la mer Pacifique, la mer de corail de notre hémisphère. Au lieu des îles éparses qu'ont découvertes les modernes navigateurs, l'Ascension, Otahiti, Tongataboa, vers nos antipodes, imaginons autour de nous les îles européennes, celle de Bâle, du Valais, les premières pointes émergées du Jura à la surface de la mer de corail, à Dresde, à Lyon, à Dublin ; abordons l'île des Tortues à Soleure, les Nouvelles-Hébrides en France, en Allemagne, en Angleterre ; la Nouvelle-Calédonie dans les Vosges et dans la Forêt-Noire ; cherchons les Marquises et Sandwich dans les îles à fleur d'eau de Glaris, d'Appenzel, du Sentis, de la Dent du Midi. Pour trouver la Nouvelle-Zélande, mettons le cap sur Genève et sur Thoune ; au-dessus de ces points culminants qui rident la surface de la mer, suivons dans l'intérieur des flots le travail sous-marin, perpétuel, infatigable des ouvriers qui remplissent les lacunes entre les archipels européens, jusqu'à ce que les îles se joignent aux îles, les archipels aux archipels, et que les intervalles se comblent.

Pour peu que la force qui soulève le fond des

mers vienne à les aider, vous verrez leurs constructions arriver à la lumière, et des ébauches, des lambeaux de continent se développer, des langues de terre apparaître, des isthmes de corail unir les Vosges et la Forêt-Noire, Nantes et Édimbourg, Dunkerque et Cracovie, Autun et Tarragone. Point de montagnes élevées qui marquent l'ossature du globe; et, par conséquent, un globe encore invertébré; ni Alpes ni Pyrénées; un Jura humble encore, souvent rompu, disloqué et de nouveau submergé; une mer incertaine, indolente, qui se berce à la place des Alpes, se retire pour reparaître, visite de nouveau les points qu'elle a abandonnés, couvre les forêts carbonifères de poissons et de mollusques marins, fait nager les cétacés au-dessus de la cime des fougères géantes; un sol qui s'élève et s'affaisse avec une lenteur infinie; et, à travers cette patiente nature, un premier embryon d'Europe et d'Asie, coupé de golfes, d'estuaires, traversé par des cours d'eau douce, hésite entre l'île et le continent.

Si tel est le caractère de la mer jurassique, je vois en elle la mer stagnante, endormie du dieu Brahma. C'est bien là que le dieu sommeille, dans la fleur du nénuphar, bercé sur un océan éternellement assoupi. Point de convulsions violentes, ni de créations subites de types nouveaux, un rêve plutôt qu'un plan déterminé, une uniformité continue. L'Éternité créatrice semble s'arrêter et se bercer à travers d'imperceptibles changements que l'œil profond de la science peut sans doute discerner, mais qui échappent à la première vue.

Quels sont, en effet, les événements qui remplissent l'histoire de l'océan jurassique? Pour marquer les ères de ces temps incommensurables, il a bien fallu marquer des intervalles, poser des pierres milliaires dans ce chemin de l'infini, reconnaître des étages différents dans cette construction où s'entassent les myriades de siècles.

On y a réussi. Le jurassique a été partagé en douze étages dans lesquels la population zoologique s'est renouvelée sept fois. La craie inférieure et moyenne a formé successivement treize dépôts, et les espèces se sont renouvelées six fois en des millions d'années. Mais le renouvellement n'éclate pas par des créations de types, de formes, de genres entièrement nouveaux. La nature semble ne pas pouvoir franchir le monde des reptiles. Elle retravaille perpétuellement dans ce moule.

Ce qui frappe, ce qui confond, dans les myriades de siècles accumulés de la mer jurassique, c'est de voir les éternités s'ajouter aux éternités, l'incommensurable à l'incommensurable, sans que la nature sorte du type des reptiles pour se donner des ailes et s'élever irrévocablement aux mammifères terrestres et aux oiseaux. Elle multiplie les sauriens; elle en grossit, amplifie les formes; elle s'obstine dans ce type dont elle épuise toutes les variétés, puis, par degrés, elle l'abandonne.

Vous diriez que tant qu'a duré l'océan jurassique, elle a surtout travaillé dans l'infiniment petit, à ajouter des points à l'imperceptible. Les événements qui marquent les époques diverses de l'histoire des êtres, pendant cette époque, ce ne sont pas des bouleversements du globe, des apparitions subites de formes gigantesques, imprévues. C'est un changement dans l'élytre d'un insecte, dans la courbure d'une coquille, dans la découpure de l'aile d'une libellule, dans les pinces d'un crustacé, dans le manteau d'une huître, dans les rayures d'un pecten, dans la cellule d'un zoophyte. L'apparition d'une espèce nouvelle de polype, de bryozoaire, de madrépore, voilà les révolutions qui remplissent ces temps incommensurables.

Des modifications graduelles dans l'infiniment petit, des transitions insensibles qui conduisent, par voie génétique, d'un insecte à un autre insecte, d'un foraminifère à un autre foraminifère, d'un astéride à un autre astéride, d'un spongiaire à un autre spongiaire, voilà le travail patient, latent, pendant les périodes accumulées de la mer de corail.

Après cela, voici la mer de craie ; elle vient ajouter ses quatre âges infinis (1). La vie se renouvelle encore, sans qu'il y ait « de faits remarquables dans l'histoire des vertébrés. »

Comme ces mers jurassiques et crétacées changent peu à peu leurs rivages, que chaque flot en modifie le dessin, qu'elles reviennent incessamment sur leurs pas, pour modeler la configuration des îles, des archipels, de même le caractère des faunes de cette époque est de porter en

---

(1) Pictet. *Paléont.* T. IV, p. 651.

avant, par une sorte de flux et de reflux continu de la vie organisée, les formes des êtres, d'en modifier génétiquement les genres et les espèces, sans atteindre, d'un mouvement brusque, à un ordre sans précédent connu dans la création animée.

Il n'y a pas alors de révolution subite dans le globe; il n'y en a pas davantage dans le monde zoologique. Tant que dure cette vaste mer endormie, la nature endormie ne travaille que sur l'infiniment petit, ajoutant des points à des points; elle se recueille, pendant une éternité, sur son trône de corail, avant de franchir le grand intervalle et de produire les plus hautes formes de la vie.

CHAPITRE VII.

POURQUOI LE TYPE DES MAMMIFÈRES A ÉTÉ LENT A SE DÉVELOPPER. — COMMENT CONCEVOIR L'APPARITION DES GRANDS MAMMIFÈRES. — POURQUOI LES MERS JURASSIQUES ET CRÉTACÉES N'ONT PU PRODUIRE DES TYPES ABSOLUMENT NOUVEAUX. — COMMENT LE SCEAU INSULAIRE A ÉTÉ IMPRIMÉ SUR LA FAUNE JURASSIQUE.

Déjà pourtant le type des mammifères et celui des oiseaux existaient quelque part, ébauchés dans les abîmes de l'époque du trias; ils y sont comme égarés, tant ils sont rares. Et s'ils n'ont pu se développer et envahir la scène, ce n'est pas que le temps leur ait manqué pour se transformer de génération en génération; c'est qu'à travers le changement des temps, la figure du monde ne changeait pas. Le type des terres fermes restait insulaire; il marquait de son sceau une faune insulaire.

En vain les siècles s'accumulaient; ils ne

pouvaient donner aux organisations vivantes le caractère continental qui manquait encore au globe. Les petits rongeurs insectivores restaient, dans les îles jurassiques, ce que leurs analogues sont dans les îles de l'Océanie. Tout au plus ils s'élevaient à l'ordre inférieur des kangurous didelphes de la Nouvelle-Zélande.

Le morcellement, l'éparpillement, la rareté des terres opposaient une barrière invincible au développement des mammifères terrestres; car ceux-ci, pour s'élever aux grandes espèces, ont besoin d'un vaste espace. Nomades, il leur faut un monde à parcourir; herbivores, des pâturages toujours nouveaux. On ne peut imaginer les grands carnassiers sans troupeaux d'herbivores et ces troupeaux sans vastes plaines herbacées. Chaque organisation vivante suppose ainsi une certaine forme du monde qu'elle réfléchit. Au chameau répond le désert; au cheval, les steppes; au chamois, à la chèvre, les monts escarpés; à l'éléphant, au rhinocéros, les immenses forêts; à la girafe, l'oasis; au bœuf, les plaines vierges; à l'hippopotame, les fleuves d'eau douce. Chacun de ces genres de mammifères est conforme à une certaine figure du globe; tous ensemble supposent une variété inépuisable dans la conformation des terres, principalement l'étendue, telle que peut la fournir un continent.

Au lieu de cela, resserrez le continent dans l'étroite enceinte d'une île; multipliez cette île tant que vous le voudrez, parsemez-en à profusion le vaste Océan; imaginez partout une terre étroite, basse, uniforme. Il est impossible de concevoir, dans ces limites, la formation, la production, l'apparition de grands mammifères qui n'auraient aucun rapport avec le monde insulaire dont ils seraient entourés. Tant que le globe ne s'élève pas de la forme insulaire à la forme continentale, la faune ne peut s'élever du reptile au mammifère, bien moins encore à l'homme.

Si vous trouviez quelque part, dans une île, les restes fossiles d'un grand mammifère, il faudrait en conclure qu'il n'y est pas indigène, mais qu'il y a été apporté, ou que l'île a été détachée d'un continent. La seule vue des ossements fossiles d'éléphants et de rhinocéros découverts à Palerme dit assez que la Sicile a fait partie, un jour, d'une grande terre ferme. Pour tirer cette conclusion, il n'est pas besoin de comparer les dépôts sous-marins. Le grand mammifère exclut l'île, comme l'île exclut le mammifère.

Ne nous étonnons donc pas que les mers jurassiques et crétacées n'aient pu produire des types absolument nouveaux dans les êtres animés, puisqu'elles ont gardé, à travers les métamorphoses des rivages, le même type dans la configuration du globe. A la surface de ces îles toutes semblables, qui émergent l'une après l'autre, devaient se perpétuer des reptiles insulaires, qui, sans doute, se transformaient insensiblement, mais qui ne pouvaient sortir des conditions uniformes où ils étaient renfermés.

Une terre partout rampante suffisait à des créatures rampantes, mais ne les sollicitait pas à changer de mœurs et peut-être de formes. Ainsi s'imprima de plus en plus le sceau insulaire sur la faune jurassique; il continua dans la faune crétacée, et, comme dans les archipels de l'Océanie les insectes pullulent, ce furent aussi les insectes qui firent la principale richesse des archipels de l'époque secondaire. De tous les êtres animés, ils sont ceux dont l'histoire présente le moins de lacunes; car ils semblent avoir, dans ces époques, occupé presque seuls la nature.

Leur bourdonnement s'accroît de siècle en siècle; il couvre alors tous les bruits de cet univers naissant. Les blattes, qui rongeaient, dans les îles océaniques, les provisions des équipages de Cook, ont leurs premiers ancêtres dans les blattes de la mer helvétique; c'est peut-être le plus ancien animal terrestre.

Cependant peu à peu l'Océan ponctué d'îles tend à se transformer en continents, par un travail invisible. Sans doute dans le même temps, par des degrés qui nous échappent et qui se montreront un jour, la faune insulaire que je viens de dépeindre tend à se transformer en une faune continentale par la création des espèces supérieures, en qui se réfléchissent tous les rapports et toutes les concordances de la terre agrandie et enfin achevée.

A certains intervalles, l'histoire du globe disparaît à nos yeux; nous ne pouvons en suivre les annales sous-marines. Ne soyons pas surpris que les êtres organisés qui représentent chacun de ces moments enfouis nous échappent aussi et laissent des vides dans l'histoire de la vie universelle. Ce sont surtout les premiers précurseurs des formes futures qui doivent se dérober le plus à notre vue; car la plupart des précurseurs sont condamnés à périr sans laisser de mémoire, dans la nature, comme dans l'histoire humaine.

Si l'origine des grandes formes nous reste encore cachée, déjà les infiniment petits commencent visiblement à s'ébranler. Des révolutions s'accomplissent chez les imperceptibles. « Les échinodermes perdent leur aspect crétacé (1). » Plusieurs groupes de mollusques se transforment et présagent la faune tertiaire, les bélemnites disparaissent, l'abîme fermente; tout annonce un nouvel ordre de choses.

Les périodes tranquilles, presque infinies dont on nous parle pendant la durée des mers de craie, qu'est-ce qui en marque les limites? les révolutions des mollusques, le dessin différent des coquillages qui se succèdent : dynasties des térébratules, des gryphées, des nérines, voilà ce qui marque les ères successives dans le monde incommensurable de la mer de lait. Imperceptibles nuances dans l'architecture des polypiers, astrées, méandrines, madrépores, autant d'époques établies dans cette éternité

---

(1) Pictet. *Paléont.* T. IV, p. 655.

stagnante qu'aucune tempête ne semble avoir troublée.

Ce sont principalement les ammonites qui en changeant leurs enroulements attestent que le monde a changé. J'ai peine à ne pas reconnaître le fond commun des ammonites dans la forme de leurs successeurs, les baculites, les turrilites, les hamites. Je crois voir un effort de l'ancien mollusque pour se transformer et s'accommoder à un monde nouveau.

Surtout, c'est dans la mer de craie que se cachent les origines des formes nouvelles de poissons. Leurs écailles changent alors d'aspect, de dessin. Elles deviennent ce que nous les voyons aujourd'hui. Jusque-là, c'étaient des plaques osseuses, des écussons (1); elles s'aiguisent en pointes, se pectinent comme les dents d'un peigne, s'arrondissent en cercles, se modèlent (2) au toucher de l'Océan pacifié (3). D'osseuses, elles deviennent cornées; elles étaient éten-

---

(1) Les Ganoïdes et les Placoïdes.
(2) Les Eténoïdes et les Cycloïdes.
(3) Agassiz. *Recherches sur les poissons fossiles.* A l'époque de la craie tout change dans la classe des poissons. T. I, pag. 171. — Pictet. *Paléont.* T. II, pag. 20.

dues en forme de pavés, elles s'imbriquent l'une sur l'autre en forme de toit, et c'est pour ce changement que la nature semble s'être recueillie dans l'abîme. Sirène endormie au fond des mers de craie, elle ne se réveillera de ce songe qu'avec l'époque tertiaire.

LIVRE QUATRIÈME.

LA NOUVELLE GENÈSE.

CHAPITRE PREMIER.

PREMIÈRE AUBE DU MONDE ACTUEL.— COMMENT LE SCEAU CONTINENTAL POUVAIT-IL S'IMPRIMER SUR LES ÊTRES ORGANISÉS. — FAUNE CONTINENTALE. — TABLEAU DE L'EUROPE A L'ÉPOQUE TERTIAIRE.

Époque tertiaire. Ici change la langue des géologues. Est-ce un cri de surprise ou d'enthousiasme qui interrompt leur classification? Ils acclament l'aube, puis le crépuscule, puis l'aurore plénière, dans ce qu'ils nomment l'éocène, le miocène, le pliocène. Mais pourquoi ce subit emprunt à l'idiome de la poésie, comme si la langue de la science ne leur suffisait plus?

De quelle aube, de quelle aurore veulent-ils parler? Quelle est cette nouvelle journée dont ils saluent le crépuscule? C'est la première aube du monde actuel dont les formes commencent, pour la première fois, à poindre vaguement dans les limbes du monde tertiaire.

Jusqu'ici, dans les époques antérieures, primaires, secondaires, l'homme ne retrouvait presque aucun avant-coureur des êtres qui sont aujourd'hui ses compagnons et ses contemporains. Nous nous sentions égarés à travers des figures inconnues qui n'avaient rien de commun avec celles que nous sommes accoutumés à rencontrer aujourd'hui sous le soleil des vivants. Ce monde naissant, c'était pour nous les ténèbres.

Enfin une lueur se fait dans les obscurités et dans les cercles de la vie antérieure; l'homme reconnaît, pour la première fois, des plantes, des animaux qui, sans être semblables à ceux au milieu desquels il est accoutumé à vivre, s'en rapprochent du moins au point de pouvoir passer pour leurs ancêtres. Saluons donc, je le veux bien, du nom d'aurore cette époque qui annonce de loin le matin du grand jour où l'homme fera son apparition sur la terre.

En sortant de l'époque secondaire, je cherche quel grand changement s'est accompli. Le principal, qui contient tous les autres, est celui-ci :

les îles deviennent des continents ; pour la première fois, la terre semble véritablement sortie des eaux. Ce ne sont plus ces linéaments qui sillonnaient çà et là les espaces maritimes; ce sont maintenant des masses émergées qui offrent une large base au développement de la vie terrestre. Les Alpes ne sont encore, il est vrai, que des collines. Pourtant onze piliers ont surgi des eaux, premier soubassement, ou plutôt colonne vertébrale de l'Europe centrale ; car ces îles alpines s'unissent entre elles et marquent le dessin des terres intérieures (1).

Entre le Jura déjà parvenu à moitié de sa hauteur, et les Alpes naissantes, la mer persiste dans un golfe étroit ; elle bat de ses flots leur double rivage; elle accumule à leurs pieds de nouvelles coquilles et de nouveaux siècles ; mais elle ne pourra effacer les deux lignes si fièrement tracées des Alpes et du Jura et les faire rentrer dans l'abîme : « Tu n'iras pas jusque-là. »

Longtemps incertaine de son domaine, la Méditerranée s'avance et se retire par la vallée du Rhône, la Suisse, la Bavière jusqu'à la mer

---

(1) Voy. Oswald Heer. *Die Urwelt der Schweitz*, p. 286.

Pannonienne. La mer des Indes communique avec la Méditerranée par-dessus l'Égypte d'Isis encore submergée. Mais, quoi qu'elles fassent, il y a de vastes espaces que ces mers ne peuvent reprendre; il faut qu'elles s'accoutument à leur lit actuel (1).

Déjà, je reconnais un lambeau de la Grèce (2) qui n'est point séparée de l'Asie Mineure. Voici un long segment échancré, mutilé, l'épine dorsale de l'Italie où les places de Rome et de Florence manquent encore. L'Afrique s'unit à l'Europe par l'isthme émergé de Tunis à Gênes et par celui de Gibraltar. La terre ferme s'étend ainsi de l'Oural à l'Angleterre, à l'Espagne; elle se développe et se prolonge, comme par un bras tendu, par l'immense Atlantide qui la rattache aux flancs des deux Amériques. Je reconnais déjà la France, malgré le golfe et la mer intérieure où Paris et Londres sont plongés.

L'idée que me laisse cette première vue de notre monde tertiaire est celle d'une mer qui s'enfuit (*mare vidit et fugit*), d'un continent

---

(1) Oswald Heer. *Flora tertiaria Helvetiæ*, p. 158.
(2) Albert Gaudry. *Animaux fossiles de Pikermi*, p. 3.

unique, partagé sans doute par de nombreux bras de mer, mais qui ouvre partout le chemin à des organisations terrestres. En me rappelant les formes antérieures du globe, le changement me paraît plus grand encore.

La terre s'est épanouie; et, en me souvenant des observations faites précédemment, je m'attends à ce qu'un type si nouveau, dans la configuration du globe, réponde à un type également nouveau dans les êtres organisés. Si j'ai rencontré une faune marine, dans l'époque primaire, une faune insulaire dans l'époque secondaire, je pense rencontrer une faune continentale dans la création tertiaire. Mais je ne saurais imaginer d'avance quelle elle sera, ni ce que doit être le sceau imprimé sur les nouvelles organisations terrestres. Je suis dans l'attente de quelque événement qui doit me sembler prodigieux; voici, en effet, ce que j'aperçois en ouvrant les yeux sur ce monde inconnu.

CHAPITRE II.

EN QUOI LA FAUNE TERTIAIRE PORTE LE SCEAU DE L'ÉPOQUE TERTIAIRE DU GLOBE. — QUE LES CHANGEMENTS DE CIVILISATION SONT POUR L'HOMME CE QUE LES CHANGEMENTS DE FLORE ET DE FAUNE SONT POUR LA NATURE. — ANALOGIE.

Au lieu des mollusques qui seuls attiraient mes regards dans les mers siluriennes, je vois passer devant moi des êtres d'une forme étrange, qui pourtant se rapproche de celles que je connais. Ils ne rampent plus, ils marchent, ils courent, ils bondissent, ils ne se tiennent plus attachés à la vase d'un marécage. Ils sont maîtres de la terre et semblent la connaître, car ils errent au loin en troupeaux; ils frappent du pied le sol; déjà, comme le cheval de Job, ils disent : Allons.

Les uns grimpent sur les arbres, et vont au

bout des branches ronger les grains que la flore tertiaire vient de mûrir pour eux. D'autres s'élancent de rocs en rocs sur la cime des montagnes nouvellement émergées; presque tous ont dépouillé l'armure écailleuse des reptiles. Ce sont les mammifères, à peau épaisse, garnie de poil. Aucune barrière ne les arrête; quand un sol est épuisé, ils vont plus loin. C'est l'anoplothérium, le xiphodon, le palæothérium.

Il y en a déjà qui creusent la terre et qui la fouillent de leurs groins énormes. D'autres déracinent les arbrisseaux de leurs longues dents d'ivoire. La plupart, comme l'anoplothérium, sont entièrement désarmés. Sans défense, ils ont apparu sur une terre, où l'ancienne population rampante ne pouvait rien contre eux. Leur force, leur puissance est dans les quatre jambes déliées, qui, en un moment, les portent au bout de l'horizon.

Tous ces êtres nouveaux qui ont un même type sont très-différents de forme et de grandeur. J'en rencontre qui ont déjà la grandeur du cheval, d'autres le surpassent. L'écureuil ronge déjà les cônes des pins. Je crois reconnaître les premiers ancêtres du lièvre, du lapin, du singe macaque, du castor. Voici, en Suisse, le gibbon, très-voisin du siamang de Sumatra; et qu'est-ce que ce singe siamang qui, dit-on, salue le lever et le coucher du soleil par ses cris retentissants que l'on entend d'une demi-lieue? Voici l'hipparion; il hésite entre le cheval et l'âne; ses doigts allongés ne sont pas encore enfermés dans le sabot des solipèdes. Voici l'anthracothérium; il annonce de loin le porc, mais un porc de la grosseur d'un bœuf. Ici, le groupe des anoplothériums prophétise les pachydermes, ébauche des rhinocéros, des tapirs; le galécynus, au seuil du monde tertiaire, hésite entre le chien et la civette. Plus loin, à mesure que j'avance d'un degré, m'apparaissent les monstres de grandeur, le mégathérium en Amérique et, dans les deux continents, le mastodonte aux dents ravinées; puis enfin, auprès d'un fleuve d'Allemagne, une masse vivante qui effraye le regard, et que j'appelle pour cela l'animal terrible, par excellence, le dinothérium. Cette masse semble, d'abord être celle d'un amphibie gigantesque; mais ses larges pieds, son ossature ont fini par apparaître; en lui s'est montré un des précurseurs de l'éléphant.

Les ancêtres des gazelles, des antilopes, des girafes parcouraient en foule l'Attique au milieu d'un paysage africain (1). Où devait être un jour Athènes s'étendait le désert avec ses oasis et ses habitants. Si Minerve se fût éveillée dans le jungle où devait être le Parthénon, elle eût vu autour d'elle les hipparions précéder le cheval aux courses des Panathénées. Dans le bois de Colonne, au lieu des rossignols, elle eût entendu le rugissement du machaïrodon à la dent de poignard ; au loin, vers le cap Sunium, elle eût rencontré, au lieu des processions mystiques, l'immense dinothérium au crâne de lamantin, aux membres d'éléphant ; là il eût salué la déesse de sa trompe basanée parmi les palmiers et les dattiers d'Abyssinie.

Eclairé par la marche que j'ai suivie jusqu'ici, je ne suis plus confondu par l'apparition soudaine de ces mammifères géants. Je sais qu'ils ont dû commencer, ainsi que les sauriens, par de faibles origines. C'est déjà beaucoup pour moi de savoir que chaque changement du globe

(1) Albert Gaudry. *Considérations générales sur les animaux fossiles de Pikermi.* 1866, p. 4, 8.

a apporté un type nouveau dans l'organisation des êtres. Je pourrais m'en contenter. Car il est acquis pour moi que ce que nous appelons centre de création est une constitution nouvelle du globe qui se réfléchit à la longue, dans les mœurs, les habitudes, les instincts et la figure des êtres, que tous sont plus ou moins entraînés au changement par cette nouvelle distribution de la terre et des eaux, que chaque figure nouvelle du monde s'imprime dans la figure de chaque être, d'une manière plus ou moins sensible, qu'à la fin de la série, le changement éclate, comme un total, dans un type nouveau qui est une ère nouvelle de la nature.

Je pourrais m'en tenir à cette vérité générale; elle en contient un nombre infini de particulières, puisque toutes les formes des créatures semblent en découler et naître sans prodige. Je veux pourtant essayer encore un pas de plus, m'approcher davantage du gouffre, chercher comment, en quoi le mammifère terrestre porte le sceau de l'époque tertiaire du globe.

Ici je prendrai un premier point d'appui dans le monde connu pour résoudre l'inconnu. Je me demande comment les types changent dans l'histoire universelle, et je me réponds qu'un type nouveau dans les sociétés humaines, c'est une ère nouvelle. L'origine, le commencement de ces types, la manière dont ils s'introduisent dans le monde, tout cela est le principe d'une science nouvelle de l'homme et de la nature. Entrons pour un moment dans cette voie, cherchons où l'analogie conduit.

Les changements de civilisation sont pour l'homme ce que les changements de flore et de faune sont pour le monde végétal et animal. Or, comment le genre humain passe-t-il d'une ère à une autre ère, c'est-à-dire d'une faune historique à une autre faune, par exemple, du paganisme au christianisme, du monde antique au monde moderne?

Ce n'est pas le grand empire assyrien ou égyptien ou romain qui change brusquement de mœurs, d'instincts, de formes, et qui, si on le suppose rampant, se met tout à coup à se dresser sur ses pieds et à prendre des ailes, ou des mamelles pour allaiter la postérité. Non. La transformation de l'espèce humaine est toute autre. C'est dans quelque région inconnue, un type négligé, perdu, dont le développement a été jusque-là impossible; c'est une peuplade ignorée, qui déjà existait, mais que personne n'avait encore aperçue aux confins de l'histoire; c'est l'imperceptible nation juive; c'est une tribu germaine cachée dans les forêts; c'est une famille arabe, végétant dans le désert, qui apporte une forme nouvelle, un moule nouveau, dans lesquels se fondent les organisations antiques; il en sort la nouvelle faune humaine.

Cela me conduit à penser que, dans la nature, la vie universelle se développe sur un plan analogue; qu'ainsi les grands sauriens de l'époque secondaire n'ont pas changé leur mode de progression dans l'époque tertiaire, mais qu'un type déjà formé et jusque-là négligé, celui des mammifères du trias, a trouvé enfin le monde qui lui correspondait et lui était conforme. Ce type alors a pu se développer; il a envahi les autres. L'ordre des mammifères s'est ajouté à ceux qui l'avaient précédé. Voilà une ère nouvelle dans la nature vivante.

Comment le sceau continental pouvait-il s'imprimer dans les vertébrés? Par les organes du mouvement et par le mode de progression terrestre. Si les nageoires, les rames, les queues homocerques et hétérocerques se sont développées dans l'Océan, les membres des quadrupèdes, le pied, la jambe, durent se développer sur la terre ferme.

Il ne suffisait plus de ramper, de vivre et de mourir sur une étroite plage. Partout, de l'Oural aux deux Amériques, s'ouvrait un monde qui attirait à lui les nouveaux êtres vivants. Il fallait descendre, monter, gravir, traverser de vastes espaces, en repartir pour en chercher d'autres plus vastes, s'accroupir dans les cavernes, s'agenouiller dans les terriers, se tapir dans les jungles, se faire des pieds d'ébène, d'acier, de corne, selon la diversité des lieux, la dureté du sol. Et de là quelle diversité de mœurs, qui contraste avec l'uniformité de celles des reptiles, reflet de l'uniformité des terres qu'ils habitaient!

Maintenant, si une disposition à s'élever dans l'échelle des mammifères se montre dans un individu, une meilleure conformation, une marche plus rapide, une taille plus haute, des pieds plus effilés ou plus sûrs, cette disposition est favorisée par tout le monde environnant; elle se transmet génétiquement, au lieu qu'elle était étouffée et stérilisée par la nature entière dans les étroites langes de l'âge secondaire.

On comprend dès lors que le type des mammifères terrestres, déposé dès l'époque du trias, et abandonné dans une île à laquelle tout manquait de ce qui lui était nécessaire pour s'accroître, l'espace, la nourriture et l'occasion, s'épanouisse dans un ordre de choses tout nouveau. La patte achève de se débarrasser de ses enveloppes palmées; la peau se délivre de ses écailles ou de ses rugosités. Ce n'est pas le grand reptile qui devient mammifère, c'est le mammifère du trias qui apparaît à l'aurore du monde tertiaire; et comme les terres offrent alors la plus grande étendue et que les deux mondes, l'ancien et le nouveau, se touchent, c'est dans ce temps-là que se montrent les colosses, mégathérium, dinothérium, mastodonte, produit et reflet d'un monde colossal.

Le premier type lointain du mammifère nous avait échappé, par sa rareté et sa petitesse, dans l'époque secondaire; nous l'avions négligé dans le trias. Maintenant, répandu à profusion en de nombreuses espèces, elles nous étonnent comme une création qui éclate sans avoir été ni préparée, ni annoncée. Cette foule de quadrupèdes, éocènes, miocènes, semble surgir de terre, sans précédent et sans ancêtres. En les voyant, nous sommes d'abord tentés de croire qu'ils datent tous de la même journée, et que leurs espèces ont toujours été contemporaines. Mais plus on les considère de près, plus on se persuade que chacun d'eux est l'expression organique d'un certain moment de l'âge du monde; qu'à mesure que le globe s'est rapproché de sa configuration actuelle, il s'est fait une approximation semblable de la nature vivante des plantes et des animaux vers la flore et la faune actuelles.

Je puis concevoir que de petits mammifères fossiles, tels que la chauve-souris, aient vécu sur un îlot, et le sarigue sur un archipel du Jura. Mais pour des êtres tels que le grand palæothérium, je ne puis me représenter leur origine ailleurs que sur une terre déjà étendue. Quant aux quadrupèdes gigantesques, leur berceau, je le répète, a dû être un continent herbu gigantesque, en sorte qu'ils portent chacun au front la date d'une des configurations du globe. Tous ensemble se présentent à mes yeux comme la chronologie ou l'histoire vivante de la terre qui les a empreints de son sceau à des temps et en des lieux différents. Ce monde des mammifères vit suspendu aux mamelles de la grande Cybèle.

Auriez-vous imaginé qu'il y eut un temps où le pôle arctique était entouré d'une ceinture de végétation luxuriante? non, sans doute. Et pourtant, on ne peut plus douter (1) qu'à l'époque tertiaire des forêts d'arbres feuillus bordaient les côtes et les fiords du Spitzberg et du Groënland qui ne formaient alors qu'une seule terre. Les cyprès de la Caroline, les thuyas de la Virginie, les peupliers, les aulnes, les platanes de nos climats tempérés s'étendaient, comme une fourrure, de l'île des Ours jusqu'aux dernières extrémités du Nord. Où sont aujourd'hui les déserts de glace, fourmillait la vie dans les forêts vierges. Des massifs de verdure italienne ceignaient la zone polaire.

Mais, direz-vous, que devenait ce luxe de végétation pendant la longue nuit d'hiver, qui, alors comme aujourd'hui, durait une partie de

---

(1) Oswald Heer. *Les dernières découvertes dans l'extrême nord.* Bibliothèque universelle et Revue suisse. Avril 1869.

l'année? Comment les plantes pouvaient-elles se passer si longtemps de la présence du soleil? On a peine à se représenter les grandes forêts endormies durant des mois entiers dans les ténèbres du pôle. Quel silence! quelle mort! car ces ténèbres étaient alors plus profondes qu'aujourd'hui; puisque la réverbération de la neige y manquait, elles n'étaient interrompues, diminuées ou sillonnées que par les aurores boréales.

Cela est vrai; mais si aujourd'hui le mélèze, le saule, l'églantier survivent à la nuit de deux mois de la Sibérie (1), pourquoi le platane, le peuplier, le thuya, le tilleul, le chêne n'auraient-ils pas survécu, dans la chaude température de l'époque tertiaire, à la longue nuit du pôle? La chaleur continue, accumulée compensait la lumière (2); puis le jour d'été, en se prolongeant, imprimait aux plantes une impulsion qui leur faisait traverser, sans périr, l'époque ténébreuse de l'année.

(1) De Wrangel. *Le nord de la Sibérie*, p. 174, 332.
(2) Alphonse de Candolle. *Géographie botanique*. T. I, pag. 203, 260, 313. « La durée des jours en été compense,
» pour les végétaux de l'île Melville, un défaut de l'action
» calorifique et chimique du soleil, s'élevant très-peu au-
» dessus de l'horizon. »

CHAPITRE III.

EXPLICATION DES MIGRATIONS. — APPARITION DE L'OISEAU. — FORMATION DE L'AILE. — A QUELLE ÉPOQUE DU MONDE ELLE RÉPOND.

Voilà aussi le moment d'une autre merveille. Le jour est venu, pour l'aile de l'oiseau primordial, de pousser et de croître. Les pieds ne suffisent plus à s'emparer assez promptement de ces continents émergés. Il y faut l'aile de l'oiseau. Le type en avait été produit dans les époques antérieures, rare, impuissant, enfoui.

Sans doute, dès les temps jurassiques, un premier oiseau, l'archéoptérix, à la queue embryonnaire, avait déjà rasé la plage de quelque île de la Suisse ou de l'Allemagne. On a retrouvé ses os en Bavière, dans le terrain secondaire. Mais qu'avait-il besoin d'une aile puissante? il lui suffisait de voleter dans les bois de cycadées, sans s'éloigner de la lagune ni chercher des sommets qui manquaient encore.

Maintenant, au contraire, d'immenses contrées se déroulent, liées l'une à l'autre par des isthmes. Qui les visitera le premier, si ce n'est l'oiseau? Il a des yeux perçants pour découvrir les lointains, et ces lointains se prolongent, et la terre s'étend et les continents se développent à mesure qu'il avance. Il faut qu'il se donne, au lieu de cette aile engourdie de l'archéoptérix, une aile infatigable.

Voilà la puissance du vol née de la forme nouvelle de la terre. L'oiseau était emprisonné dans l'âge jurassique. Il ne pouvait déployer ni sa force, ni son instinct; aussi son aile n'était qu'un bras dont il s'aidait pour se soutenir plutôt que pour fendre l'air. Le monde tertiaire se déroule devant lui; il poursuit cet horizon qui fuit toujours; son instinct lui est révélé, il se confie à la vaste étendue. Un type nouveau éclate avec un univers nouveau. Qu'il y a loin de là au mollusque silurien, au reptile jurassique!

Apparemment l'oiseau avait déjà ses temps de migration; il suivait la terre jusqu'où la terre s'étendait. Où elle manquait, il arrêtait son vol. Il apprenait ainsi à donner une certaine direction à ses voyages. L'habitude prise, de génération en génération, de traverser une certaine étendue de terres a continué, même après que ces terres ont disparu pour faire place à la mer.

C'est ainsi que je puis expliquer les migrations des oiseaux actuels à travers la Méditerranée. Ils suivaient, dans l'époque tertiaire, l'isthme émergé qui liait les côtes de France et d'Italie à l'Afrique. Cet isthme a disparu; les oiseaux suivent encore aujourd'hui le même chemin, parce qu'ils l'ont suivi dans les époques antérieures. Arrivés au bord de la Méditerranée, ils se confient à l'abîme, ils ouvrent leurs ailes, ils s'élancent dans le gouffre. Pourquoi? Parce qu'ils savent qu'ils trouveront au delà une terre d'Afrique pour s'y arrêter. Ils la connaissent sans l'avoir vue; et qui leur a dit qu'elle existe? Leurs ancêtres, les premiers voyageurs de l'âge éocène et miocène.

CHAPITRE IV.

LES ESPÈCES PROPHÉTIQUES. — LOI DES RÉVOLUTIONS
DANS LES FLORES ET DANS LES FAUNES.

Je reconnaissais tout à l'heure, dans le monde émergé, la figure ébauchée des contrées actuelles, l'embryon d'une Grèce, d'une Italie, d'une France, d'un continent russe-scandinave. En même temps, je reconnais dans la population zoologique les principaux traits des genres et même des espèces qui vivent de nos jours. Ces espèces antérieures ont déjà tant de caractères communs avec les nôtres, que plus d'un naturaliste les appelle aujourd'hui des espèces prophétiques (1). Cette expression m'était venue à moi-même, il y a longtemps, à la première vue

(1) Oswald Heer. *Die Urwelt*, p. 593.

de tant de rapports étranges entre le monde tertiaire et celui que nous habitons.

Plus nous nous rapprochons de l'époque actuelle, plus cette ressemblance éclate. Chaque être, sous une apparence inconnue, annonce d'avance quelque être que nous trouvons aujourd'hui dans la nature vivante. Des trente-neuf genres de mammifères miocènes, vingt-neuf sont éteints. Mais, du moins, tous sont une préparation à la création actuelle. Les palæothériums et les lophiodons sont les précurseurs du tapir, l'anthracothérium du sanglier et du porc, l'hipparion du cheval et de l'âne, le xiphodon de la gazelle, l'amphicyon du chien et de la civette, le mégathérium du tatou d'Amérique, l'anoplothérium des pachydermes, le bœuf primitif du bœuf actuel, le gibbon helvétique du siamang de Sumatra, le hyænodon de la hyène et du chat, l'hyopotame de l'hippopotame, le mastodonte et le dinothérium de l'éléphant.

Quant aux insectes miocènes, ils ressemblent singulièrement aux nôtres, ils ont donc moins changé. Les révolutions du globe n'ont rien pu sur eux, ou presque rien. Ils ont échappé par leur petitesse, comme dans l'histoire humaine, les faibles, les inconnus échappent à une révolution où les grands périssent.

Dans la réalité, chaque précurseur est la souche à laquelle remontent des genres et des espèces séparés aujourd'hui ; pendant des siècles de siècles, le sceau qu'ils ont reçu paraît immuable. La constitution du monde tertiaire s'empreint de plus en plus dans tous les êtres.

Quand vous voyez les êtres organisés s'approcher, d'âge en âge, de la condition et de la forme actuelle, vous êtes bien obligés de reconnaître que les époques agissent les unes sur les autres, que le grand flot des êtres se pousse, depuis l'origine jusqu'à la fin, avançant toujours, ne reculant jamais.

Il y a, dites-vous, des points nombreux où la chaîne se rompt, où la série se brise.

Oui sans doute, mais il y a aussi des époques qui se lient d'une manière indubitable ; par exemple, la faune et les flores tertiaires ont laissé tous leurs traits principaux dans la faune et la flore de l'Amérique actuelle (1); et comment cette similitude de formes, de caractères, de types serait-elle possible, si l'on n'y reconnaît

(1) Oswald Heer. *Flora tertiaria*, p. 346.

pas que les uns sont les ancêtres des autres?

Pour admettre le rapport des êtres entre eux par le lien des générations, il n'est pas nécessaire que chaque anneau de la chaîne entière de Jupiter paraisse à nos yeux; il suffit que certains tronçons de cette chaîne subsistent, suspendus entre le ciel et la terre, pour que nous puissions nous former, au moins, une idée de l'ensemble.

Quand les observateurs les plus sagaces, les plus minutieux (1), les plus scrupuleux me répètent, me démontrent, me font toucher au doigt que certaines espèces, à diverses époques terrestres, confinent l'une à l'autre, s'engrènent l'une dans l'autre, qu'ils ont peine à les séparer, à les distinguer, comment me refuser à conclure avec eux à une certaine parenté des espèces entre elles, et que les unes dérivent des autres par voie d'hérédité?

Est-ce à dire pour cela que le changement de formes est continu, que tous les êtres se précipitent d'un pas égal vers la révolution de la vie? Non, assurément; il y a des temps où la nature semble se hâter vers des formes nouvelles. Il en est d'autres, et ce sont les plus longs, où elle

---

(1) Oswald Heer. *Die Urweld*, p. 185.

semble se fixer, se perpétuer, se reposer pour toujours dans le but qu'elle a atteint, lasse de changements, épuisée d'inventions.

Voilà ce qu'il est permis aujourd'hui d'entrevoir. Un coin du voile d'Isis s'est soulevé pour la première fois ; je voudrais rassasier mes yeux de ces lueurs projetées dans l'abîme ; mais que de ténèbres montent aussitôt à la surface ! Bonne déesse, déchire-les toi-même.

Vous craignez déjà que les mystères ne soient profanés, qu'il ne reste plus rien d'impénétrable à la curiosité de l'homme, qu'il touche, voie, embrasse, en téméraire, le secret de la naissance des choses. Car une fois ce secret découvert, que resterait-il à faire ? Plus d'inconnu, plus d'énigmes, plus de fiction, plus de religion ! Voilà ce qui vous fait peur.

Rassurez-vous, l'abîme est toujours là ; il résiste ; la curiosité humaine n'a fait que l'effleurer. Je puis, jusqu'à un certain point, comprendre l'enchaînement, la succession des êtres ; mais le point initial d'où ils sont sortis m'échappe ; avec ce seul point ténébreux, vous pouvez encore engendrer ou restaurer des ténèbres infinies.

CHAPITRE V.

TABLEAU DE LA FORÊT TERTIAIRE. — LE SEUIL DE LA CRÉATION ACTUELLE.

En même temps le monde végétal a subi le même changement que l'organisme animal. La flore insulaire de l'Australie, de l'Océanie, les cycadées, les araucaires se retirent comme les reptiles, pour faire place à la flore continentale des deux Amériques. On dirait que la végétation s'est épanouie comme la terre.

Au lieu des fougères, des calamites, propres aux époques nourricières des reptiles, voici, pour la première fois, les arbres aux larges feuilles que nous connaissons, les chênes verts, les lauriers, les hêtres, les noyers, les érables, les amandiers, les peupliers. Il y a déjà des chênes pour la Gaule et pour l'Allemagne, des myrtes et des lauriers pour la Grèce et l'Italie; ou plutôt tous les types méditerranéens se trouvent rassemblés, et ils refoulent la flore australienne, de même que les mammifères refoulent le type des reptiles.

On s'étonne de la persistance de quelques genres de la flore de l'Océanie dans nos forêts tertiaires. La surprise cesse si l'on admet que cette flore a, comme l'Océanie, le caractère insulaire; dès lors il paraît naturel que ce caractère n'ait pas disparu brusquement et, qu'au contraire, ce type végétal se soit prolongé dans notre hémisphère, comme le type de l'âge des reptiles s'est prolongé dans notre faune tertiaire.

En ce temps, la fleur apparaît, elle s'épanouit et embaume pour la première fois le monde. Avec elle apparaît le papillon de jour, le dernier-né des insectes. Pour la première fois, il voltige sur la terre; il pompe, il boit, au milieu de l'Europe, en Bavière, le suc des plantes actuelles de la Nouvelle-Hollande et du Cap.

A la population nouvelle de quadrupèdes, composée principalement d'herbivores, comment pourrait suffire l'ancienne végétation rare des îles perdues dans les mers jurassiques et crétacées? Le même épanouissement de vie qui se montre, dans le monde animal, par les mammifères, s'est montré, dans les plantes, par les grandes dicotylédones et par les arbres à larges feuilles, qui sont les mammifères du monde végétal.

Au-devant des anoplothériums, des palæothériums s'étend l'immense forêt tertiaire. Elle couvre de son ombre leurs origines. Partout les vastes palmes de végétaux nouveaux, toujours verts, à formes tropicales, fournissent la pâture à des animaux nouveaux. Souvent il dut arriver qu'une famille, une espèce de quadrupèdes suivit les migrations de la plante dont elle faisait sa nourriture préférée. Ainsi se trouvèrent mêlés dans les mêmes lieux une foule d'êtres animés et de plantes qui, sortis ensemble d'une certaine contrée, arrivèrent ensemble dans un autre hémisphère.

Le troupeau des anthracothériums, aïeul des sangliers et des porcs, dut marcher et se disperser avec les vingt-sept espèces de chênes dont il mangeait les glands, dans toute notre Europe. On vit arriver en Suisse, au bord de la mer helvétique (1), le gibbon, porté, de liane en liane, sur une mer de verdure, jusqu'au figuier, au cocotier, au noisetier, qui bordaient déjà les pieds du Jura et des Alpes. Le mastodonte de l'Ohio suivit la famille des conifères, surtout le cèdre blanc, dont il dévorait les bourgeons. Les aïeux du tapir émigrèrent parmi nous avec le palmier de marais, dont l'analogue se retrouve au Mississipi. A Pikermi, près d'Athènes, la girafe fossile broutait les hauts dattiers du désert. Peut-être vit-on l'hipparion, aïeul du cheval, errer en troupes, de l'Europe en Amérique, à travers les steppes de l'Atlantide.

Sous un massif de Geinizia, précurseur de l'arbre-mammouth, s'arrêta, en Allemagne, l'immense dinothérium, précurseur des sept espèces éteintes de l'éléphant. A travers la forêt vierge, l'élan primitif, ancêtre des cerfs, aiguisait sa ramure sur des troncs d'arbre dont l'espèce a disparu comme lui.

Si la végétation tertiaire nourrissait des animaux tertiaires, il restait encore pourtant des types nombreux et comme des témoins attardés des époques antérieures. Les cycadées de l'épo-

(1) Oswald Heer. *Die Urwelt*, p. 419.

que jurassique, devenus chaque jour plus rares, enfin réduits à deux genres, couvraient encore çà et là de leur ombre un crocodile leur contemporain ; et ce mélange de formes, qui apparaissent au milieu de formes qui disparaissent dans une même contrée, aide à comprendre comment la nature n'est rien autre chose que la succession des temps rendue visible et personnifiée dans une succession d'espèces dont chacune porte au front un certain moment de la vie universelle.

Nous voilà parvenus au seuil de la création actuelle. Nous l'entrevoyons de loin, nous la pressentons à travers les formes des organisations tertiaires qui nous la voilent encore. Mais combien nous en sommes éloignés, quoique ce degré soit le dernier pour s'élever jusqu'à elle ! Que ces espèces prophétiques diffèrent de celles qu'elles annoncent ! Combien ce crépuscule ressemble encore aux ténèbres ! Que la nature est lente à s'émouvoir, à s'ébranler, à se dépouiller de la figure qu'elle a une fois adoptée !

Viendra-t-il jamais le jour, le jour attendu où elle doit consommer son œuvre et s'y reposer ? Comment se fera ce dernier pas ? C'est, il me semble, le plus difficile, et quel moyen de l'imaginer ? Car les quadrupèdes tertiaires, aux mille formes, ont pris si bien possession de la terre, ils y ont posé un pied si assuré, si massif, ils jouissent d'un domaine si étendu, leurs mamelles pendantes sont si inépuisables, leurs mœurs si invétérées, leurs formes si caractérisées, si complètes, leurs rapports si intimes avec les lieux, qu'il m'est impossible de concevoir quelle force, quel événement les dépossédera de ce sol, les déshabituera de ces mœurs, les refoulera de ces régions, leur ôtera la puissance et la vie pour les transmettre à d'autres familles, à d'autres genres, à d'autres espèces.

J'ai bien vu, dans les temps antérieurs, certaines espèces se lier à d'autres espèces par une série continue, de telle manière qu'il faut reconnaître que les unes sont dérivées des autres par un lien génétique. Mais j'ai toujours vu aussi que cette transformation était aidée par une transformation analogue de la surface du globe. Et maintenant, je ne sais qu'imaginer pour que la terre rouvre ses flancs et enfante avec un nouvel ordre de choses inorganiques un nouveau monde d'êtres organisés.

CHAPITRE VI.

DERNIÈRE FORME DE LA TERRE. — SOULÈVEMENT DES MONTAGNES. —PERMANENCE OU INSTABILITÉ DES ESPÈCES. — COMMENT LA RÉVOLUTION NOUVELLE S'EMPREINT SUR L'HOMME. — QU'ARRIVERAIT-IL DES FAUNES ACTUELLES SI LE GLOBE CHANGEAIT.

Ce dernier acte est celui qui éclate le plus visiblement aux yeux; c'est aussi le plus sublime. Voici le moment où, au milieu de l'éternel repos, les Pyrénées commencent à s'agiter et à surgir de terre; enfin les voilà debout, puis le Jura aussi se dresse. Les Alpes, humbles collines, se lèvent à leur tour sur leurs onze piliers; et soit que ce mouvement d'ascension se prolonge avec lenteur, soit qu'elles s'agitent par intervalles et grandissent à vue d'œil, jusqu'à ce qu'elles aient porté, sans se reposer, leurs têtes par-dessus les nues, soit qu'elles se courbent de nouveau et s'agenouillent sous la mer helvétique, et s'affaissent sous le fardeau, pour se relever plus hautes et plus fières jusqu'au ciel, ce moment est celui où commence la création nouvelle.

Car la terre s'est émue vers le Caucase et l'Arménie. Là aussi, la nature s'est fait partout des Olympes, des monts Ida échelonnés l'un sur l'autre, comme pour voir de plus loin les choses qui vont naître ; et aux deux extrémités du monde, voici l'Himalaya qui entasse ses étages sur les collines sub-himalayennes, en même temps que les Andes et les Cordillères, prises du même tressaillement, surgissent d'une Amérique à l'autre.

La terre a reçu sa dernière forme, celle que nous lui voyons aujourd'hui. Les mers s'enferment dans les bassins que nous connaissons ; elles ne reviennent plus en arrière ; les barrières colossales qui se sont élevées ne seront plus franchies par le reflux des océans.

Si la terre a reçu sa constitution actuelle, que va-t-il s'ensuivre ? La conséquence ne tarde pas à se montrer. Le sceau nouveau s'empreint sur la nouvelle constitution des êtres vivants. Nous voyons apparaître les espèces actuelles, et depuis qu'elles ont reçu le sceau de ce nouvel âge du monde, elles ne paraissent pas avoir plus changé que n'ont changé les terres et les mers, et les chaînes des montagnes.

De plaine qu'elle était, la terre est devenue montagneuse, et avec les degrés divers de hauteur, de chaleur, que de degrés nouveaux dans la succession des formes de la vie! A cette diversité de figures, de climats, s'accommodent insensiblement les anciens êtres végétaux ou animaux. Ils s'essayent à vivre sur chacun de ces plateaux; ils n'y renoncent que là où la vie est impossible. La constitution du globe présentant plus de différences, il en est de même de la constitution des êtres organisés. Le type se divise en genres, le genre en espèces, l'espèce en variétés, la variété en race.

Il n'y avait d'abord que l'anoplothérium; de lui naissent, à des degrés différents de parenté, les pachydermes et les ruminants, puis lui-même disparaît; il ne reste que ses descendants éloignés, cheval, bœuf, tapir. Ainsi des autres quadrupèdes. Ceux de l'époque tertiaire s'éteignent;

ils n'ont pu se faire aux changements du monde. Leurs analogues seuls survivent, parce qu'ils se sont accommodés à la terre nouvelle, et depuis qu'ils ont reçu le sceau de l'époque quaternaire, ils semblent immuables ; peut-être le sont-ils en effet.

Sur le fond lointain des mammifères fossiles qui sont rejetés de la nature vivante, se détachent peu à peu les espèces actuelles, qui vivent avec nous. Voici le cheval, le bœuf, le daim, le rhinocéros, le chameau, tels que nous les retrouvons aujourd'hui. Comme la terre n'a pas changé depuis leur origine, ils n'ont pas plus changé qu'elle.

La grande tortue terrestre rampe au pied de l'Himalaya ; elle n'a pas plus varié que l'Himalaya lui-même. Le chameau n'a pas plus changé que le désert, ni l'hippopotame plus que le Nil, ni le lama plus que les Cordillères, ni le diornis plus que la Nouvelle-Zélande, ni le chamois plus que les Alpes, ni le bœuf plus que la plaine, ni le cheval plus que les steppes, ni aucune espèce vivante plus que le globe terrestre. Sans doute ils ne changeront pas tant que la figure de ce monde restera ce qu'elle est.

Nous avons beau chercher, depuis les temps historiques, une modification, un caractère, un type nouveau dans le monde organisé. L'ibis n'a pas varié depuis les Pharaons, ni la cigale depuis Platon, ni le bœuf et l'âne depuis Moïse. Pas une ligne n'a été ajoutée à la taille de Jupiter-scarabée depuis Aristote. Et cette permanence des espèces s'explique bien par tout ce qui précède, je veux dire par la permanence de la constitution terrestre.

Car nous avons vu que pour changer même l'élytre et la trompe d'un insecte, ou le manteau d'un mollusque, il faut l'effort soutenu d'un monde entier pendant des myriades de siècles : une révolution du globe pour entamer le corselet d'une libellule ! une révolte de l'océan jurassique pour rompre les habitudes, changer les mœurs et la cellule d'un polype imperceptible ou la demeure cloisonnée d'un mollusque céphalopode ! N'en sera-t-il pas de même pour les quadrupèdes mammifères, qui viennent de surgir devant nous comme le dernier terme de la sagesse et de l'art de la nature ? Ils ont posé un pied si puissant sur leur domaine ! Est-ce cinq ou six mille ans qui suffisent pour altérer l'empreinte reçue ?

Qu'est-ce que cela, en comparaison des temps incommensurables que tel ou tel insecte a traversés, de génération en génération, sans plier sous le faix et sans vieillir d'une heure? Où sont les grands changements du globe depuis l'apparition du cheval, du chameau, du bœuf, du rhinocéros, de l'éléphant et de tous les mammifères qui vivent aujourd'hui? Où sont les mers qui ont quitté leurs lits? Où sont les continents nouveaux qui ont émergé et changé toutes les conditions de l'existence pour chacun des êtres vivants?

Les changements accomplis sont eux-mêmes imperceptibles. Quelques variations de niveau au bord de la mer du Nord ou sur le littoral du Chili, de rares volcans, quelques récifs qui apparaissent et disparaissent, voilà à quoi se réduisent les variations de l'écorce terrestre. Il faut bien un autre effort pour refondre les types des êtres et les jeter dans un moule nouveau.

C'est un don sérieux que la nature fait aux êtres en leur donnant, avec la vie, une forme, une constitution déterminée ; elle ne brise pas les formes capricieusement et impatiemment. Elle laisse aux espèces une sorte d'éternité pour s'en repaître à loisir. Quand elle brise les moules, quand elle change les espèces, c'est que l'univers entier s'en mêle; jusque-là elle maintient dans sa forme l'insecte aussi bien que l'éléphant.

Ainsi se résout, pour moi, la question qui m'a tant occupé, de la permanence ou de l'instabilité des espèces actuelles. Si les continents actuels se partageaient, redevenaient des îles parsemées au loin dans l'Océan, comme au temps de la mer jurassique, on verrait les grands mammifères quadrupèdes, faute d'espace, de nourriture, diminuer de nombre, décroître de taille, dégénérer, pour ne laisser la place qu'à de petites espèces, telles qu'il s'en rencontre dans les archipels. Les organisations se rapprocheraient du type jurassique, et reviendraient aux marsupiaux de l'Australie.

Alors les reptiles régneraient de nouveau. Parmi les animaux terrestres, ceux qui éprouveraient le moins d'altération seraient les insectes; ils seraient encore innombrables. Pourtant ils devraient céder à leur tour au changement. A mesure que les grands cours d'eau douce tariraient, les insectes aquatiques disparaîtraient sans retour. Les oiseaux résisteraient longtemps à cette diminution du sol; ils iraient encore chercher au loin des terres fermes. Mais ces terres devenant de plus en plus rares et s'éloignant toujours, la distance finirait par être si grande qu'aucune aile ne pourrait plus la franchir. Confiné sur un récif, l'oiseau terrestre languirait, et ce type finirait, à son tour, par s'éteindre.

Diminuons encore les îles, faisons-en des récifs comme dans l'époque primaire; nous verrons tous les types supérieurs s'effacer de la terre, et la nature rentrer, en silence, par degrés, dans le monde muet des mollusques et des crustacés marins de l'époque silurienne.

Au contraire, supposez des émersions de continents nouveaux, les solitudes de la mer Australe et le grand océan Pacifique remplacés par des terres fermes, les points épars de la Polynésie reliés l'un à l'autre par des isthmes, la mer revenant sur ses pas, notre monde européen et asiatique submergé, nos Alpes affaissées, leurs cimes changées en écueils battus des flots; ce changement ne serait pas plus grand que celui qui s'est répété tant de fois à travers les révolutions du globe.

Et comment douter que, dans un cataclysme

qui changerait les conditions d'existence de tous les êtres, les formes ne fussent modifiées encore, au delà même de ce qu'il nous est possible de concevoir? C'est alors que les espèces actuelles, qui nous semblent permanentes, seraient rejetées dans le creuset et recevraient une empreinte nouvelle; non pas qu'elles fussent toutes destinées à se transformer ou à finir en même temps. Tel insecte pourrait bien survivre à l'engloutissement d'un monde ; un certain nombre d'êtres organisés traverseraient notre époque et porteraient témoignage de notre monde actuel dans le monde futur. Beaucoup disparaîtraient, d'autres viendraient à surgir dont nous avons à peine l'idée. Et qui sait si de ce nouveau travail de la nature entière ne sortirait pas quelque type entièrement nouveau qui serait aux types actuels ce que les mammifères ont été aux reptiles, les reptiles aux poissons, les poissons aux mollusques, les mollusques aux zoophytes dans les époques antérieures?

CHAPITRE VII.

COMMENT LES FAUNES AMÉRICAINE ET OCÉANIENNE CONFIRMENT LES LOIS ÉTABLIES PRÉCÉDEMMENT.

J'ai établi que la faune d'Amérique appartient à ce que j'ai appelé le type insulaire. J'en ai conclu que le nouveau monde, en des temps géologiques que je ne connais pas, a dû être partagé en diverses régions, toutes marquées par des barrières que les mammifères terrestres ne pouvaient franchir.

En un mot, la forme des mammifères marsupiaux édentés m'a donné la forme antique du continent américain.

Mais cette conclusion tirée de l'animal à la terre peut n'être qu'une intuition de mon esprit; j'ai besoin de la voir confirmée.

Or, voici qu'en effet les découvertes les plus

récentes des géologues américains et anglais (1) révèlent la vérité que j'avais supposée, à savoir, que le nord et le sud de l'Amérique ont été séparés, puis réunis, que le Brésil, patrie des édentés et des marsupiaux, formait jadis une île. La Guyane en formait une autre. Non-seulement les terres fermes étaient aussi partagées; mais, au point de vue de la distribution des espèces, les grands fleuves américains marquent eux-mêmes des limites qui maintiennent, à beaucoup d'égards, le caractère insulaire que je trouve être le trait originel de la faune américaine. Certaines espèces de singes qui vivent sur le bord nord de l'Amazone ou du Rio-Negro ne passent jamais à l'autre bord. Le biscacha ne traverse jamais l'Uruguay; il y a même des espèces d'oiseaux qui sont arrêtés par ces barrières, comme par une mer intérieure.

Voilà donc, en réalité, ce caractère d'isolation que je trouvais empreint sur la forme première des principaux animaux qui donnent sa physionomie à la faune américaine. Si vous ajoutez à cela, que les premières îles, la Guyane,

(1) Andrew Murray. *The Geographical distribution of Mammals.* 1866.

le Brésil se sont soudées entre elles, que le nord et le midi se sont attachés l'un à l'autre, qu'ainsi les terres ont grandi et avec elles les forêts continues, sources de subsistances, moyens de migrations, vous voyez comment les petits édentés insulaires ont pu, sans changer de type, grandir jusqu'à la taille du « léviathan des Pampas, » le mégathérium, et se répandre hors du bassin primitif sur la face presque entière des deux Amériques.

En sorte que rien n'est plus vrai que de dire que les changements dans la distribution des terres et des eaux se sont réfléchis, d'époque en époque, sur la physionomie de la faune américaine, sur son type, sa petitesse, sa grandeur; ce qui revient à cette vérité où toutes sont enveloppées que, de l'animal vous pouvez conclure à la terre, et de la terre à l'animal.

L'Australie était composée ordinairement de trois îles; sa faune avait aussi le caractère insulaire. Quand les trois îles se sont réunies, les animaux ont grandi sans changer de type; les premiers marsupiaux se sont élevés à la taille colossale du notothérium et du diprotodon fossiles ; puis les terres diminuant par leur séparation d'avec le continent, les colosses sont devenus les kanguroo et les opossum de nos jours.

Une question s'élève. Avec la facilité que les géologues ont empruntée des poëtes, de faire et de défaire les mondes, plusieurs supposent que les îles dont l'Océanie est ponctuée, marquent les restes d'un vaste continent submergé.

L'idée est belle; elle pourrait être féconde; est-elle vraie?

Par les principes exposés précédemment, je crois résoudre cette question. Aucune île, ai-je dit, n'a produit jamais de grands mammifères terrestres. Cela posé, vérifiez l'hypothèse grandiose du continent polynésien.

Si jamais il a existé, il a eu ses genres de mammifères quadrupèdes, didelphes ou monodelphes, qui ont peuplé un jour ses vastes solitudes. Quelques débris fossiles de ce genre doivent se retrouver dans les îles Océaniennes qui ont échappé au naufrage d'un monde. Assurément, un seul os d'éléphant, ou de tigre ou de rhinocéros, ou de sivathérium trouvé à Otahiti, ou à Sandwich, ou à Kerguelen (si toutefois il n'y avait pas été apporté par accident), mettrait hors de doute l'existence d'une terre ferme à la place du désert d'eau de l'océan Pacifique. On pourrait alors, à bon droit, rattacher cette terre aux flancs de l'Afrique ou de l'Asie par le lien des mammifères.

Mais jusqu'ici jamais mammifère quadrupède, ni fossile, ni vivant n'a été trouvé dans les îles. Conclusion. Le continent océanien n'est encore qu'une hypothèse réfutée par la connaissance des faunes actuelles.

CHAPITRE VIII.

DES CENTRES SPÉCIFIQUES DE CRÉATION.
N'Y A-T-IL EU QU'UN ÉDEN.

Où sont les origines de la vie? elles reculent à mesure que nous croyons les saisir; elles semblent se confondre avec les origines du globe. Dans la première effluve de matière, peut-être se trouvaient déjà les semences ardentes des êtres à venir.

Je croirais volontiers qu'il n'est pas un point du monde qui n'ait été un centre de création, d'où est sorti au moins une plante, un insecte, un animalcule qui lui est propre et qui n'a pu naître que là (1). Les fleurs, les insectes, tous

---

(1) Je suis affermi dans cette idée, en la retrouvant indiquée, au moins pour les plantes, dans l'ouvrage tout

les êtres vivants ont-ils donc chacun une patrie? Pourquoi non? Ils l'ont oubliée, dès qu'ils en ont franchi la frontière.

Partout où ils ont trouvé même sol, même température, même ciel, ils sont bien, ils sont chez eux. S'ils reviennent, portés par les vents, à l'endroit de leur origine, ils ne le reconnaissent pas. Rien ne leur dit que là sont nés l'espèce, la race, le premier ancêtre. Dans leur naissance éternelle, ils ne se soucient ni de berceau, ni de tombeau.

Ainsi, partout où s'arrêtent tes yeux, là est un Éden, je veux dire un lieu où quelque être nouveau a fait son apparition sur la terre, petit ou grand, terrestre ou aquatique. L'atelier de vie est partout.

Linnée, avec la naïveté de la légende, ne voyait sur le globe qu'un point unique, béni, d'où étaient sortis tous les êtres. A l'origine, ils vivaient enfermés, comme en une île sacrée,

---

récent de M. Schimper: « Nous pouvons affirmer, sans présomption, qu'il n'y a pas un pouce de terrain, soit au fond de la mer, soit sur la terre ferme qui, dans le cours des temps, n'ait eu sa plante à lui. » Schimper. *Traité de paléontologie végétale.* T. I, pag. 105.

dans le paradis ; pour que chacun d'eux, insecte ou éléphant, eût son climat particulier, le jardin d'Éden (1) s'élevait en terrasses, aux flancs d'une montagne où s'échelonnaient tous les climats, à ses pieds la zône torride, au sommet la zône glaciale.

Bientôt après Linnée, ce jardin s'est trouvé trop étroit, on l'a étendu; on a fait des régions botaniques, zoologiques qui se sont prêté l'une à l'autre leurs créatures premières.

Aujourd'hui, ces zônes, ces édens scientifiques sont encore trop resserrés. Les limites disparaissent; pas une province qui ne s'élargisse. Tout insecte devient centre d'un monde vivant.

Il n'est pas plus croyable que l'espèce du lion, par exemple, ait surgi simultanément en Afrique, en Asie, en Thessalie, qu'il ne l'est que le type de l'architecture dorique ait éclaté avec son même chapiteau et ses mêmes proportions, à la fois, en Grèce, en Italie, en Sicile, sans aucune communication historique d'une contrée à l'autre.

Comment donc ont pu se former des types distincts dans les régions zoologiques ou bota-

---

(1) Linnæus. *Amœnitates Academicœ.* T. II, pag. 438. *De Telluris habitabilis incremento.*

niques? Il faut admettre pour cela que ces régions ont d'abord été séparées, que certaines organisations s'y sont produites, longtemps avant de se répandre au dehors, que l'ancien type s'est perpétué dans les êtres nouveaux qui portent ainsi le sceau d'une contrée particulière et de la première origine. Autant de centres de création, qui plus tard ont été mis en relation, les uns avec les autres.

C'est ainsi (1) que nous donnons aux chevaux pour première patrie l'Asie centrale, aux ruminants et aux pachydermes l'Afrique supérieure, aux lémurides Madagascar, aux carnivores l'Inde, aux édentés le Brésil, aux marsupiaux l'Australie, aux phoques les côtes de l'Océan arctique, au lion l'Afrique centrale.

Mais ce ne sont là que les grandes délimitations, les lignes principales du tableau. Il faut joindre ces points à d'autres points, ces lignes à d'autres lignes, jusqu'à ce que le tableau complet de la vie apparaisse; et il ne se compose pas seulement des grands mammifères. Une foule innombrable d'êtres qui ont chacun une origine,

(1) Murray. *Mammals*, p.296.

une patrie distincte, marquent autant de foyers de création sur le globe.

Les plantes, les insectes débordent nos limites artificielles ; les scarabées, les libellules enjambent nos frontières et nos zônes. Ce sont eux qui servent à modeler le grand dessin de la nature. Les vides se comblent par les imperceptibles, sous les pieds des scarabées, sous les ailes des libellules, sous les ombelles des fleurs ; ainsi les masses se rapprochent, par le clair-obscur, sous le pinceau d'un peintre.

Nous réduisions la puissance créatrice à n'agir que sur certaines régions. Erreur ! il n'est pas un coin du globe qui ne soit représenté par une espèce éteinte ou vivante. Les centres de création se rapprochent ; ils se touchent, se fondent les uns dans les autres.

En quelque endroit que nous allions, nous sommes au centre d'un Éden. Si nous savions seulement le voir !

LIVRE CINQUIÈME.

LA BIBLE DE LA NATURE.

CHAPITRE PREMIER.

LE MONDE DES INSECTES. — HISTOIRE DE L'INSECTE A TRAVERS LES AGES GÉOLOGIQUES. — SA PERMANENCE. — QUELLE EST SA SIGNIFICATION. — UN SENTIMENT NOUVEAU DE LA NATURE VIVANTE.

Si la Bible de la nature (1) prend un sens nouveau à nos yeux depuis la découverte du monde fossile, si des horizons inconnus s'ouvrent de toutes parts, cela est principalement vrai du monde des insectes. Qui s'y serait attendu? Ce monde, si humble, semblait n'être fait que pour être foulé aux pieds.

Quand on avait parlé de l'industrie singulière de quelques rares espèces d'hyménoptères et

---

(1) *Biblia naturæ.* Swammerdam.

d'arachnides, des abeilles et des fourmis, on avait épuisé l'intérêt qui s'attache pour nous à des êtres si infimes, si différents de nous, si étrangers à l'économie générale de l'univers.

Malgré cela s'obstinait-on à les suivre et à les étudier? on se trouvait bientôt relégué, comme eux, dans un monde d'infiniment petits que l'on avait peine à rattacher à la chaîne de l'histoire de la nature. Le philosophe prenait en pitié la patience minutieuse de l'entomologiste et ses descriptions d'organes microscopiques.

A quoi bon, disait-on, cette science de l'infiniment petit qui le plus souvent échappe aux yeux? Sans doute elle se dérobe à nous, parce qu'elle est stérile. Et voilà au contraire que cette science, qui semblait ne se composer que de fragments imperceptibles et méprisables, se rattache d'elle-même par des liens éclatants à l'histoire des âges du monde. L'insecte obscur porte écrites sur son dos les époques où il était, pour ainsi dire, le seul vivant sur la terre. Des éternités muettes sont réfléchies dans ses yeux lisses ou à facettes. L'éphémère devient l'ancien des jours. Il y a de ces éphémères de l'époque secondaire qui s'obstinent encore aujourd'hui à vivre dans l'hémisphère du sud.

Si fragile, si facile à écraser, vous croiriez aisément que l'insecte est un des derniers êtres produits par la nature, qu'il est un de ceux qui ont le moins résisté à l'action des temps, que son type, ses genres, ses formes, ont dû être mille fois broyés, anéantis sous les révolutions du globe et remis perpétuellement au creuset. Car où est sa défense? Que peuvent ses antennes, son bouclier, ses ailes de gaze contre les commotions et les tempêtes qui changent la surface de la terre? Quand les montagnes elles-mêmes sont renversées et les mers soulevées, quand les géants de l'organisation, les puissants quadrupèdes changent de figure et de mœurs sous la pression des choses, est-ce l'insecte qui résistera? Est-ce lui qui montrera le plus de caractère dans la nature? Oui. Tout l'univers se déchaîne contre un moucheron. Où sera son refuge? Dans sa petitesse et son néant (1).

(1) Les modifications éprouvées par les insectes, pendant la série des périodes géologiques, ne paraissent pas très-intenses.
Les insectes du lias d'Argovie présentent plusieurs genres identiques avec ceux qui vivent aujourd'hui, fait

Il est certain, en effet, qu'au milieu des vicissitudes continues de la nature vivante, l'insecte est, avec le mollusque, l'être qui a le moins changé, celui qui a le mieux résisté à la pression des mondes et des siècles amassés, celui qui a le mieux conservé ses habitudes, ses mœurs et, pour tout dire, son caractère. Les âges géologiques qui ont tout métamorphosé ont passé sur lui et l'ont à peine effleuré, en sorte que ses plus anciens genres sont encore reconnaissables dans les genres actuels.

Lui seul, ou presque seul, au milieu de l'instabilité de toutes les autres (1) créatures

---

fréquent dans les mollusques, et qui ne se voit jamais dans l'histoire des poissons. Pictet. *Traité de paléontologie*, t. II, p. 310.

Les insectes orthoptères ont singulièrement peu varié de formes pendant une si longue suite de générations. Presque toutes les espèces de terrains primaires et secondaires peuvent être placés dans les genres actuels, ou du moins s'en rapprocher beaucoup. *Ibid.*, p. 361.

(1) Ce point est des mieux établis par les travaux de M. Oswald Heer sur les insectes fossiles d'Argovie et d'OEningen. Je traduis ici quelques passages de son ouvrage *die Urwelt der Schweitz* :

« Celui qui imagine que les anciens insectes se distinguaient beaucoup des nôtres par la grosseur et la singularité des formes, sera aussitôt détrompé en jetant un terrestres, a gardé sa figure primordiale, ses instincts, ses coutumes, comme si la terre n'avait pas changé autour de lui. Il n'a point cédé au monde ; mais il a forcé le monde nouveau de se prêter à ses anciennes mœurs et à sa fantaisie. Si l'on peut dire qu'un être est resté immuable au sein du perpétuel changement de tous les autres, il faut le dire de l'insecte. Là est son caractère principal.

D'où vient cette sorte d'immutabilité ? Pourquoi la terre a-t-elle pu changer cent fois de constitution autour de lui, et ne s'en est-il pas aperçu ? L'insecte ne touche au monde que par un point. Il vit dans une sphère à part, les révolutions du globe n'ont pu l'atteindre ; j'en excepte une seule dont je parlerai tout à l'heure.

De là cette persévérance invincible dans ses

---

coup d'œil sur l'atlas où les insectes sont gravés. *Die Urschweitz*, 93.

» Les insectes paraissent déjà dans l'époque carbonifère ; mais c'est dans l'époque secondaire et dans le lias que cette classe primaire d'animaux se montre dans une grande diversité de genres et de formes ; déjà ils nous laissent voir les formes primordiales de nombreuses espèces du monde actuel. » P. 219.

habitudes. L'univers entier n'a pu les vaincre. Il ne plie point comme le roseau; il résiste; il se sert des choses les plus nouvelles, comme si elles faisaient partie du monde antique où il a pris naissance. Le grillon de l'âge primaire vient chercher à votre foyer la chaleur intertropicale de sa forêt carbonifère; il vit, il agit, sous vos yeux, dans votre demeure, comme s'il n'était pas sorti de ses ombrages primitifs. La blatte est le plus ancien type, le (1) patriarche du monde des insectes. La nôtre, venue d'Orient, *Blatta orientalis*, s'établit auprès des fours comme dans son ancien domaine légitime de l'époque primaire et secondaire, à la température du monde jurassique; sans rien changer dans ses coutumes, elle dévore la farine des boulangers (2), comme autrefois la farine des cycadées et des équisétacées dans l'île du Lias.

Quant au charançon, il s'est accoutumé à la grande forêt tertiaire, qui couvrait le monde pen-

---

(1) Heer. *Die Urwelt der Schweitz.*

(2) Les blattes du lias vivaient dans la température de la zône torride. De même, notre blatte choisit sa place aux endroits les plus chauds de la maison, dans la cuisine et auprès du foyer. Heer. *Ibid.*, p. 84.

dant l'âge éocène. Il retrouve cette forêt et cet âge, avec l'inépuisable râpure de bois, dans les chantiers et les magasins des villes où il fait son séjour préféré.

Gardons-nous donc de vouloir expliquer l'insecte par l'homme, en leur donnant à tous deux une conformité rétrospective que tout dément, puisque l'insecte comme type avait déjà ses mœurs formées, son monde circonscrit, son caractère fixé, son époque déterminée, avant l'apparition de l'homme, avant celle des quadrupèdes, des oiseaux et même des reptiles. Ce n'est pas dans la nature actuelle, inorganique ou organisée, qu'il faut chercher ses relations ou ses harmonies : c'est dans la nature antérieure, pour laquelle et par laquelle il a été fait.

Dans son murmure même, il nous parle des choses et des temps dont il ne reste aucun autre témoin vivant que lui. Par là le bruissement des insectes acquiert un sens bien autrement étendu et profond qui a échappé, jusqu'ici, aux poëtes, aux littérateurs et aux philosophes; car ils n'ont entendu dans ce bourdonnement que le vague murmure de la vie universelle qui se réveille et fourmille au printemps de l'année.

Prêtez l'oreille! Nous pouvons désormais reconnaître, discerner, dans ce même murmure, les voix innombrables qui nous arrivent de chaque point de la durée, à travers les âges géologiques, voix qui ont retenti les mêmes au delà des principales révolutions du globe. Chœur non-seulement printanier, mais perpétuel, il nous apporte le premier et le dernier écho de la vie terrestre.

Le soir vient, l'ombre grandit. Écoutez! Les grillons, les criquets reconnaissent l'ombre épaisse de la forêt première, alors que la terre, enveloppée d'un nuage de vapeurs, se dérobait au soleil et que les fougères arborescentes les couvraient de leurs frondes gigantesques. Ils se réjouissent de la fin du jour comme si c'était le retour des anciens âges du monde, et, de leurs cris redoublés, ils évoquent la nuit primordiale où ils ont pris naissance. Caché dans sa retraite, le grillon fait entendre un écho continu et souterrain des époques primaires. La cigale chanteuse résonne. C'est le *patriarche du chant*, la même voix stridente qui a rempli, sans se lasser, les rivages blanchissants de la mer de Craie. Ce chant n'est encore que l'effet mécanique d'une membrane tendue comme un tambour de basque ; il semble n'avoir pas d'âme, comme la nature à son berceau. A cette note infatigable voici que s'ajoute le dernier bourdonnement de l'abeille qui retourne au gîte. Autre temps, autre monde. Age des fleurs qui s'étend jusqu'à nous. Enfin le frôlement du papillon de nuit, le dernier des insectes floraux, nous apporte le souffle nocturne des forêts impénétrables du monde tertiaire.

Ainsi le commencement et la fin se mêlent et se confondent dans le chœur des insectes. Avec cette confusion de bruits, de murmures, chaque époque nous envoie un son particulier, un écho, une note distincte; tous ensemble sont la voix inarticulée des mondes évanouis.

Qu'est-ce que cela, sinon un sentiment tout nouveau de la nature vivante? Une corde nouvelle résonne dans le cœur de l'homme, et l'on pressent déjà tout ce que cette manière d'écouter, d'observer l'univers doit fournir au savant et au poëte. Murmures des bois et des monts, au lever et au coucher du jour ! fourmillements de la vie ! silences solennels ! Pas une âme d'homme qui n'ait répondu une fois au moins à ce torrent de vie éclatant ou muet sous ses pas! Mais ce murmure semblait éphémère; on croyait qu'il ne parlait que de l'heure présente, et l'impression était ou vague ou superficielle. Quelle différence quand l'homme saura que les siècles infinis qui ne sont plus retentissent autour de lui, bruissent à ses oreilles, bourdonnent à son approche, plient et déplient leurs ailes de gaze, s'ensevelissent pour renaître, sautillent d'un monde à l'autre! Il se sentira enveloppé d'une éternité vivante. Tant d'aiguillons de vie iront jusqu'à son cœur.

CHAPITRE II.

L'INSECTE DANS LES ÉPOQUES DU MONDE PRIMAIRE ET SECONDAIRE.

Ainsi, la noblesse de l'insecte, c'est son antiquité ; il nous a tous précédés sur la terre, et l'on ne finirait pas si l'on voulait montrer la persistance (1) de ses formes et de ses mœurs.

(1) Les cassides sont faciles à reconnaître à l'état fossile par la largeur et l'aplatissement de leurs élytres. Ils ne nous montrent aucune forme qui s'éloigne beaucoup des espèces actuelles. Heer. *Die Urwelt der Schweitz*, p. 370.

Les capnodis ressemblent aussi aux nôtres par leurs formes sculpturales et leurs couleurs. Le genre vivant se trouve dans le midi de l'Europe, en Égypte, en Orient. *Ibid.*, p. 377.

Sauterelles du Lias. Les veinures de leurs ailes répondent bien à celles des espèces vivantes; elles ont dû avoir la même figure. *Ibid.*, p. 84.

Les élatérides. Ce genre est bien ancien, car il se

Tel il était au commencement des temps, tel ou peu s'en faut, malgré les nuances des espèces (1), il est encore aujourd'hui. Dans la première forêt carbonifère, l'araignée tissait (2) sa toile, et son industrie est restée ce qu'elle était à l'origine. Elle suspend les mailles de son filet aux poutres de nos maisons, comme autrefois au tronc noueux des sigillaires et des équisétacées : elle croit n'avoir pas changé de palais. Sur ses longues jambes grêles elle a traversé les

trouve déjà au nombre de dix espèces sur l'île du Lias. *Ibid.*, 88.

Les gyrins fossiles (gyrinus atavus) répondent à une espèce actuellement vivante, p. 91. La famille des punaises de bois est primordiale, car elle nous apparaît déjà en huit genres dans le terrain secondaire de Schambele. *Ibid.*

(1) Le perce-oreille (forficula), de l'époque miocène, est près des espèces actuelles que nous voyons voltiger dans les soirs d'été. *Ibid.*, p. 367.

Au temps Miocène appartiennent les calosomes, dont les descendants sont si répandus aujourd'hui dans l'ancien et le nouveau monde. *Ibid.*, p. 384.

(2) Une seule espèce des Arachnides fossiles d'OEningen se distingue clairement des araignées vivantes. Les autres nous montrent peu de différences, et appartiennent en grande partie aux genres qui ont aujourd'hui une vaste extension. Heer. *Ibid.*, p. 357, Pictet. *Traité de paléontologie*, t. II, p. 406.

époques incommensurables qui lient les mers jurassiques aux mers tertiaires.

De même la sauterelle. Celle de la première époque tertiaire, de bonds en bonds, a franchi plusieurs créations, s'est élancée dans la nôtre, sans perdre un seul des points blancs (1) dont son aile était peinte à l'origine, et ces points sont rangés, dans la locuste actuelle de l'Europe du midi, exactement comme ils l'étaient dans la sauterelle du monde miocène.

La *bête à Dieu* (*coccinella ocellata*), avec ses mêmes ailes courbes et ponctuées, chemine aux confins du monde crétacé et éocène ; sans que les siècles des siècles lui aient pesé, elle vient aujourd'hui se promener sur votre main ; tant de millions d'années n'ont pas effacé les quinze points noirs de son écusson ni pâli le rouge de ses élytres (2).

Le ver luisant qui brillait dans les nuits de l'époque miocène n'a pas encore laissé s'éteindre son flambeau, et les orages éternels n'ont pas fait vaciller la lampe du lampyre.

(1) Heer. *Ibid.*, 361.
(2) *Ibid.*, 376.

Parmi les plus anciens insectes sont les termites (1), les teignes, les lime-bois. Ils datent du monde primaire. Insatiables des râpures de bois et du jus épaissi des plantes, leur premier apprentissage s'est fait dans les forêts primaires, où les arbres morts s'entassaient de siècles en siècles, les uns sur les autres. C'est dans ces temps que les insectes broyeurs ont acquis leur industrie infatigable pour attaquer le bois, le réduire en poussière, le dévorer. Que de forêts vierges ont disparu sous leurs tarières et leurs mâchoires !

Dans le monde primaire, c'était une guerre à mort entre ces furieux ouvriers et une végétation débordante qui envahissait la terre. Lorsqu'ils l'eurent purgée des cadavres de végétaux, la même fureur de destruction persévéra, d'âge

---

(1) Les termites et les teignes apparaissent déjà à l'époque carbonifère.

Les termites du lias d'Argovie (Solenhofen) appartiennent en partie à des genres éteints, en partie à des genres qui vivent encore actuellement en Amérique et dans la Nouvelle-Hollande.

Deux genres de termites fossiles, d'OEningen, répondent à un genre actuel, qui se trouve dans la zône sous-tropicale, à Madère et dans le midi de l'Europe. *Die Urwelt*, 368.

en âge, chez les descendants de ces anciens artisans. Quand les forêts leur ont manqué, ils se sont pris aux œuvres des hommes, et si aujourd'hui ils entrent dans les habitations humaines, ils y portent cette même ardeur de dévastation, cette même rage de tout anéantir qu'ils ont exercée sur l'univers naissant, et que n'ont pu lasser tant de myriades de siècles. Leurs mâchoires sont aussi insatiables, leurs tarières aussi aiguisées, leur génie aussi dévorant que le premier jour; et au milieu de cela, déjà des logements et des *nourriceries* pour leurs petits ; une architecture de gravier et d'argile solide et pierreuse, comme il convenait à des temps où la poussière des fleurs manquait encore au monde, pour en faire un meilleur ciment.

Sur les eaux stagnantes de l'île du Lias vivaient déjà nos libellules ; du moins celles qui existaient alors (1) étaient si semblables aux nôtres qu'elles paraissent en être les ancêtres. En les voyant si belles, si azurées, si frêles, qui

(1) Il est bien remarquable que la libellule fossile, la plus ancienne connue, et l'aïeule de toutes les demoiselles d'eau, soit conforme par les veinures des ailes aux espèces vivantes; ainsi le type du genre remonte jusqu'au temps du Lias. Heer. *Die Urwelt,* 86.

ne les croirait inoffensives? Mais sous ces formes gracieuses elles sont féroces, comme tous les insectes de ces temps-là, car elles auraient beau chercher le suc des fleurs : il n'existe pas. Elles sont donc condamnées à être carnassières. En tournoyant sur l'étang du Lias, elles cherchent leur proie vivante dans le monde des insectes aquatiques; c'est ce qu'elles font encore aujourd'hui. Leurs instincts et leur forme appartiennent à un monde privé encore de végétation florale.

Presque tous les insectes du monde primordial sont nocturnes. Quelle en est la cause? Dans l'impénétrable fourré de la forêt primaire, les blattes, les termites, les grillons vivaient loin du jour, sous les fougères qui elles-mêmes croissaient au milieu de ténèbres végétales. Sous des plantes nocturnes fourmillaient des animaux nocturnes. Lorsque le massif d'ombrages disparut, les insectes furent offensés par le jour; notre nuit fut pour eux ce qu'avait été la forêt de fougères où ne perçait aucun rayon de soleil. Obstinés dans leurs habitudes premières, ils parurent renverser l'ordre des choses, dormant le jour, veillant la nuit.

CHAPITRE III.

L'INSECTE DANS L'ÉPOQUE TERTIAIRE. — APPARITION DE LA FLEUR. EFFETS DE LA RÉVOLUTION FLORALE SUR L'INSECTE.

Une seule révolution du globe a véritablement atteint l'insecte au point de créer chez lui des mœurs toutes nouvelles : c'est la révolution florale. Aussi pourrait-on partager l'histoire générale de l'insecte en deux époques : avant et après la fleur (1).

Tant que la fleur manqua au monde, c'est-à-dire jusqu'au commencement de l'époque tertiaire, le monde des insectes fut condamné à

(1) Sur l'abondance des insectes floraux dans l'époque tertiaire, voyez Pictet, *Traité de Paléontologie*, t. II, p. 310.

ronger le bois, ou les feuilles, ou la terre, ou à broyer des chairs. De là cette multitude innombrable d'insectes broyeurs qui remplissent ces temps. Toutes les formes semblent alors s'épuiser pour le travail de destruction : dents, vrilles, tarières, scies, pinces, stylets, dards, forceps, limes, crochets. Pour une vie si difficile il faut être armé de toutes parts. De là les boucliers, les écussons et les élytres des trente mille espèces de coléoptères.

Leurs ailes sont enveloppées d'étuis coriaces. Car ces invulnérables sont chargés de délivrer le monde des générations de végétaux et d'animaux qui se succèdent les unes aux autres. Ils engloutissent, non pas seulement les générations d'individus, mais encore les familles, les genres, les espèces, si bien qu'on a peine aujourd'hui à en retrouver les vestiges. Ils font l'office de Saturne, ce sont eux qui dévorent les époques. Quand ils ont ainsi englouti des mondes et des époques entières, ils leur survivent à tous, et ils restent les mêmes, ou presque les mêmes, au point que les ancêtres les plus anciens se distinguent à peine de leur postérité la plus récente.

Presque immuable à travers les métamorphoses, l'insecte survit aux types, aux familles, aux genres, aux espèces de végétaux et d'animaux; non-seulement il leur survit, mais c'est lui qui les dépouille et les dévore. Il efface la trace des ordres mêmes qui se succèdent aux différents âges du globe. Pour la faire mieux disparaître, il se rassasie de cette substance vivante. Pendant la durée interminable des mers jurassiques et crétacées, il reste à peu près identique à lui-même. Les âges géologiques fournissent aux coléoptères je ne sais combien de mondes successifs à dévorer. L'ardent soleil du monde secondaire grave ses rayons et ses couleurs sur les écussons armoriés du bupreste, pendant que les rivages eux-mêmes s'écoulent, fuient et disparaissent devant eux; rubis, émeraudes, saphirs vivants, ils ont l'inflexibilité et la permanence des diamants.

Tous les temps passent sur eux sans pouvoir les user; et c'est parce que le scarabée, ou plutôt le coléoptère, dévore toutes les générations végétales et animales, sans être entamé par aucune sous son armure métallique et sous son bouclier olympien que, rival des dieu antérieur aux dieux, plus durable que les dieux, père d'une innombrable postérité, il a reçu des anciens le nom de Jupiter-Scarabée, toujours jeune, toujours ancien, puissant et invincible, aujourd'hui comme au temps du chaos.

CHAPITRE IV.

LES INSECTES FLORAUX.

La révolution florale n'a pas mis fin à ces dynasties souveraines d'insectes broyeurs; mais, en les laissant subsister, elle en a fait apparaître d'autres qui n'avaient pu se montrer auparavant.

Qu'est-ce, en effet, que cette révolution? L'éclosion du monde des fleurs. Jusque-là les plantes croissaient sans parfum. Maintenant l'immense forêt tertiaire se déroule sur une partie du globe; au lieu des plantes cryptogames des temps antérieurs, au lieu des végétaux mornes et coriaces dont se composaient les forêts primaires et secondaires, voici, ô merveille, des arbres qui se couvrent de bourgeons colorés; et les boutons s'entr'ouvrent pour la première fois; et ce qui ne s'était pas encore vu sur la terre, la fleur s'épanouit; c'est-à-dire un calice, une corolle découpée, des folioles, des lobes, et comme des antennes végétales qui palpent autour d'elles ; et dans ce calice, une poussière ambroisienne, un nectar préparé pour les dieux enfants, ou pour le premier être qui saura s'en approcher et s'en emparer.

Or, cette coupe pleine d'ambroisie se révèle de loin par un parfum qui n'a pas encore été respiré. Il s'insinue partout, et surpasse en délices l'encens des olympiens. Cette boisson divine ne se trouve pas seulement sur un point de la terre ; elle s'est promptement répandue dans chaque lieu. La forêt tertiaire est un océan de fleurs qui entoure le monde de sa guirlande.

La nourriture est préparée ; les êtres manqueront-ils pour s'en repaître? Non. A la révolution florale répondent les insectes floraux. Ceux-ci n'ont plus besoin de la dure mâchoire des insectes broyeurs. Les mandibules, les scies, les tarières étaient faites pour la végétation coriace des cryptogames dans les temps antérieurs. Désormais, pour se repaître des fleurs, il faut des instruments plus déliés ou plus subtils. Trompes, suçoirs, organes filiformes, bouches désarmées, langues effilées, ce type variera de mille manières. Mais il se retrouvera dans tout l'ordre nouveau des hyménoptères.

Sans doute cette dernière classe, ces familles d'insectes dataient de plus loin. Il y avait déjà des fourmis qui cheminaient, des abeilles qui bourdonnaient, dans l'époque secondaire, mais rares comme la fleur elle-même, partagées en petits groupes, qui s'essayaient à vivre de feuilles, probablement sans société, et à l'état de précurseurs. Maintenant, ces groupes obscurs, prématurés, que la nature négligeait, se multiplient à l'infini, éclatent de toutes parts avec le nouveau monde végétal. Ils s'épanouissent comme lui.

Déjà attirées par le parfum qui s'exhale du monde tertiaire, voici, en foule innombrable, les noires légions de fourmis que précède l'herculéenne. Elles montent sur le haut des arbres pour traire les troupeaux des colonies de pucerons (1). Ce monde est le monde des fourmis qu'attire la matière sucrée de la végétation nouvelle;

---

(1) Heer. *Urwelt*, p. 34.

on en compte cent espèces, au lieu des quarante de notre temps.

Après les fourmis, les premières créatures qui répondent à l'attrait de l'âge des fleurs, sont les abeilles. Peut-être vivaient-elles, auparavant, solitaires et barbares, sans industrie, ni cité, dans quelques troncs d'arbres, réduites à dévorer les feuilles. Après elles, apparaît, aux confins de notre monde, *l'abeille adamitique*, précurseur de l'abeille actuelle (1).

Celle-ci, née dans le monde floral, y prend son art, ses mœurs; la vie plus facile l'a rendue plus sociable que les précédentes. Au milieu d'inépuisables trésors de poussière et de miel, les femelles, condamnées à une tâche immense, oublient tous les instincts du sexe, au point d'en laisser atrophier les organes. Elles travaillent à s'approprier un monde de fleurs; labeur infini. De l'amour, elles ne gardent que la maternité. Encore une seule sera mère pour toutes les autres.

(1) Une mouche à miel (Apis adamitica) pompait déjà les fleurs; sans doute elle vivait en société, bâtissait des rayons, recueillait du miel; car elle tient de si près à l'espèce actuelle (Apis mellifera) qu'il faut la regarder comme son précurseur. Heer. *Ibid.*, 386.

Dans les fourmis et les abeilles, surtout dans les guêpes, il reste une partie des armes et des mœurs cruelles des insectes primaires et secondaires. Les dernières ont conservé l'aiguillon. Voici, enfin, un être qui semble ne dater que de l'ère des fleurs, n'avoir reçu que des fleurs ses habitudes et jusqu'à ses couleurs même. C'est le papillon (1).

Il est le dernier-né, le plus récent des ordres des insectes. C'est lui qui s'élève au-dessus de la forêt tertiaire, comme la plus haute et la plus pure expression du monde floral. Depuis son apparition, aucun être nouveau de sa classe ne s'est montré sur la terre. Il ferme et domine la création du monde des insectes.

Mais admirez ceci : Dans sa première métamorphose à l'état de chenille, il garde encore les instincts et la voracité des insectes des temps antérieurs. Comme il en a les instincts, il en a aussi la figure dans la conformation de toutes les parties de la bouche, mâchoires, mandibules, armes des coléoptères. Aussi bien qu'eux il

---

(1) Les papillons, qui, dans la création actuelle, se montrent partout et avec tant de richesse, forment le plus récent des ordres des insectes. Heer. *Ibid.*, 396.

dévore les corps solides, il entame le bois, il déchire les feuilles, il perfore les lichens.

Voilà donc un être qui, dans son premier état, a gardé les formes, les mœurs des insectes de l'âge primaire et secondaire. Oui, sans doute. Mais attendez et voyez ce qu'il devient. Les métamorphoses s'accomplissent, et dans son dernier état, devenu papillon, qu'arrive-t-il ? le voici : Tout ce qui rappelait les âges antérieurs du monde a disparu. Plus de vestiges de mâchoires, ni de mandibules dentelées, comme chez les insectes rongeurs des anciens temps. Plus d'armes offensives et défensives; plus même d'aiguillon ; il n'en a pas besoin ; mais seulement quatre grandes ailes planes, une longue trompe, un fil de soie roulé en spirale, pour aspirer l'âme des fleurs. Il n'est fait que pour voltiger et pomper leur nectar, sans même se reposer.

Ainsi se découvre une chose toute naturelle. De la chenille à la chrysalide, au papillon, il n'y a pas seulement l'emblème accoutumé du passage de la vie à la mort, à l'immortalité. Il y a aussi en raccourci l'histoire de toute la nature vivante, depuis l'insecte rampant et ligneux des premiers temps du monde, jusqu'à l'insecte aérien et floral qui s'est épanoui dans la création actuelle. Le même être, en ses états divers, parcourt, reproduit les âges divers de la vie universelle. Chenille, il rentre dans les types de l'époque primaire ou secondaire. Papillon, il ne date que du monde tertiaire. Créature nouvelle d'un univers nouveau, il porte témoignage de deux ères différentes de l'histoire du globe.

Suivez cette considération, elle peut devenir la vraie méthode. Car, il y a certainement quelque chose d'imparfait, même chez le grand Réaumur, lorsqu'il commence l'histoire des insectes par le papillon, c'est-à-dire par le plus récent, par celui qui, venu le dernier, appartient à la fin et non au commencement de l'histoire de cette classe d'êtres organisés. Qu'il vienne, au contraire, en son lieu, après tous les autres genres d'insectes. Il occupera alors dans la science la place qu'il occupe dans la nature. Et n'est-ce pas là le signe de la véritable méthode, et le but que doit se proposer le naturaliste?

CHAPITRE V.

L'INSTINCT DES ANIMAUX DANS SES RAPPORTS AVEC LES RÉVOLUTIONS DU GLOBE. — EN QUOI CERTAINS INSTINCTS RÉPONDENT A DES ÉPOQUES ANTÉRIEURES A LA NÔTRE.

Une conclusion que j'ai retenue jusqu'ici sort de ce qui précède. Lorsque certains instincts des animaux nous sont inexplicables, c'est, pour moi, la preuve qu'il faut en chercher la cause dans les habitudes contractées sous d'autres circonstances et peut-être à un autre état du monde que celui que nous connaissons.

N'est-ce là qu'un leurre? Ou est-ce une vérité féconde? Examinons ceci avant d'aller plus loin.

Si le désert disparaissait, le chameau en perpétuerait pour nous le souvenir. Par sa faculté de supporter la soif, par sa prévoyance lorsqu'il fait sa provision d'eau pour plusieurs jours, ne nous conserverait-il pas la mémoire et l'idée d'une vaste étendue de sables arides où manqueraient l'eau et la végétation ? Il nous resterait comme un monument vivant des terres écorchées, disparues de la surface du globe.

J'en dirais volontiers autant de l'autruche. En voyant ses ailes atrophiées, je suis renvoyé à un premier habitat où l'espace devait manquer pour l'usage et le développement de l'aile. Je suis ainsi tenté de conclure que l'autruche ne peut être originaire des contrées de l'Afrique et de l'Asie où elle se rencontre aujourd'hui, mais qu'elle a d'abord paru dans quelque langue de terre étroite, semblable à celles où se montrent les oiseaux gigantesques aptères de la Nouvelle-Zélande ou de Madagascar. Pourquoi aurait-elle laissé s'atrophier son aile par le défaut d'usage si elle avait eu toujours des immensités à parcourir? Ses instincts d'oiseau coureur me renvoient à une terre échancrée, insulaire qui suffisait à développer le pied, la jambe aux dépens de la puissance du vol.

Que dirai-je des animaux aveugles, par

exemple, du gastéropode qui palpe le rocher sans le voir? Il me ramène à l'époque où l'œil aurait été inutile, où il ne pouvait être qu'un point ébauché, quand le soleil lui-même, œil du monde, voilé de vapeurs, semblait manquer au monde. Quelques insectes de notre temps, artisans de nuit, les termites, certaines fourmis ouvrières, ont acquis leurs mœurs dans les ténèbres; maintenant ils aiment les ténèbres, ils demeurent aveugles, quand la nature a changé et que tous les invite à profiter de l'universelle lumière.

Il en est tout autrement des animaux crépusculaires, tels que ceux de Madagascar. Ceux-ci ont acquis la puissance de voir distinctement dans l'obscurité; et par là ne nous donnent-ils pas l'idée d'une époque, où le soleil, ayant percé les vapeurs de la forêt carbonifère, sa lumière n'était qu'étouffée ou dissimulée par la végétation de la forêt tertiaire? Il fallut alors des yeux tout grands ouverts qui s'accoutumassent à recueillir cette lumière offusquée sous le couvert des arbres à larges feuilles. Et lors même que l'antique forêt s'est éclaircie, que le jour s'est répandu, les makis, les paresseux de Madagascar ont conservé la faculté acquise par leurs ancêtres de voir pendant le crépuscule et en pleines ténèbres. Leurs facultés formées dans l'époque antérieure sont restées entières dans l'époque actuelle. Notre nuit est devenue pour eux ce qu'était le jour dans les abîmes obscurs de la végétation primordiale de leur île; ils sont devenus noctambules.

J'ai expliqué plus haut les migrations des oiseaux à travers les mers par les habitudes contractées dans les époques antérieures. Buffon (1) affirme que certains palmipèdes, par exemple, les fous passent d'Amérique en Europe en se ralliant sur les côtes de la Floride. Si le fait est certain, quelle confirmation ne donnerait-il pas à l'idée que j'ai avancée? D'où peut venir, en effet, la témérité de ces émigrants du vieux monde au nouveau à travers l'Océan, si ce n'est qu'ayant suivi autrefois les rives, les promontoires, les archipels de quelque Atlantide, ils se hasardent encore à s'élancer sur les traces d'un monde submergé dont ils se souviennent seuls? Avant Christophe Colomb, il y avait de ces navigateurs

---

(1) Buffon. *Hist. nat.* Les fous. T. XVI, p. 150.

ailés qui cinglaient des Florides en Picardie et en Bretagne.

Ce sont là des conjectures. Voici des réalités. Que de mœurs, d'habitudes, d'amitiés ou de haines de races sont arrivées jusqu'à nous du fond des âges ! Le nautile d'aujourd'hui a gardé en partie les mœurs des ammonites. Les lacertiens des îles de la mer Pacifique reproduisent pour nous les mœurs des ichthyosaures et des plésiosaures des îles d'Europe, dans l'époque secondaire.

L'amitié singulière de l'éléphant et du rhinocéros dans les jungles actuels d'Asie et d'Afrique (1) date du temps où leurs ancêtres fossiles le mammouth et le rhinocéros aux narines cloisonnées voyageaient ensemble, inséparables, du fond de la Sibérie aux steppes d'Allemagne, de France et d'Angleterre.

Si les amitiés d'espèce à espèce sont anciennes, les haines le sont aussi dans les espèces domestiques. Le chien et le chat nous étonnent par

(1) Souvent j'aperçus l'espèce rhinocéros simus mêlée à des groupes d'éléphants, au milieu desquels elle semblait jouir de droits égaux, comme si elle eût appartenu à la même famille. Delegorgue. *Voyage dans l'Afrique australe*, vol. II, p. 430.

leur aversion mutuelle. Autrefois, sous le nom de felis spelæa et d'amphicyon, leurs aïeux se dévoraient. Aujourd'hui, chez les descendants domestiques reste la haine.

Suivez les habitudes des sarigues dans les plaines de l'Australie ; je ne doute pas que vous ne retrouviez dans ces habitudes un reflet des temps jurassiques où l'espèce a paru pour la première fois. Et déjà cette difficulté de se mouvoir, cette marche embarrassée, ne trahissent-elles pas un habitat étroit, tel qu'il se présentait dans les îlots des mers secondaires? Le sarigue aurait ainsi conservé dans le continent de l'Australie, les mœurs contractées dans les îles primitives du monde jurassique.

Il est de même difficile de ne pas croire que les animaux à toison ont reçu leur laine dans l'époque glaciaire, alors que le rhinocéros lui-même se couvrait d'un manteau velu. Aujourd'hui encore les cochons se couvrent de laine sur les Cordillères, à la hauteur de deux mille mètres. La brebis n'est peut-être que la chèvre du monde glaciaire (1). A mesure que la toison

---

(1) Dr Roulin. Recherches sur quelques changements observés dans les animaux domestiques transportés de

s'épaississait, il se formait des habitudes qui enracinées devinrent instincts, et ont survécu à l'époque où elles ont pris naissance.

En voyant l'hirondelle, à son arrivée dans nos climats, éviter les arbres, les forêts, ne se poser que sur la terre nue, ne nicher qu'au coin de nos fenêtres ou au haut de nos cheminées, il m'est impossible de ne pas reconnaître, dans ces habitudes, quelques-uns des traits principaux de son pays natal; terre nue, sans aucun doute, et pourtant marécageuse par place où elle pétrit le ciment de son nid; sans verdure, ni arbres, ni forêts, comme certaines plages d'Afrique. Nos villes sont pour l'hirondelle des amas de pierre d'un autre Sénégal, nos maisons des blocs de rochers, nos fenêtres des fentes dans ces rochers, nos cheminées des pitons calcinés par la zone torride.

Ainsi, dans la persistance de ses habitudes, elle nous dit quelle est sa patrie. Chaque animal, si on l'examinait de près, nous parlerait

---

l'ancien dans le nouveau continent. *Mémoires de l'Institut.* T. VI, p. 348. La toison de l'agneau se change « en un poil court, brillant et bien couché, très-semblable à celui qu'a la chèvre dans les mêmes climats. »

de même. On a justement observé que l'âne, par la peur instinctive qu'il a du moindre filet d'eau courante, montre que sa première origine est la terre sans eau, c'est-à-dire le désert.

Je crois avoir remarqué que la cigogne se plaît surtout au bord des grands fleuves intérieurs d'Europe. Pourquoi? Originaire de la haute Égypte, elle retrouve le Nil d'Éthiopie dans le Rhin, le Danube, et les îles de Philæ, d'Éléphantine, dans les cathédrales de Bâle, de Strasbourg, de Cologne.

On trouverait des indices de ce genre dans la plus grande partie des instincts qui nous semblent inexplicables. Inscriptions de la première origine, sceau d'un passé auquel nous ne pouvons remonter.

N'est-ce pas ainsi qu'à travers tous les changements du monde, nous voyons un certain fond reparaître jusque dans les races humaines?

N'est-ce pas ainsi que nous découvrons si souvent le Gallo-Romain dans le Français, l'Angle dans l'Anglais, le Germain dans l'Allemand? Par leurs instincts d'unité, ou de centralisation, ou d'indépendance individuelle, les peuples actuels nous renvoient à leur berceau. Nous retrouvons dans les races Latines les habitudes devenues instincts, imposées par l'ancêtre commun, Rome; de même que nous retrouvons dans des genres entiers de mammifères, ou d'oiseaux, ou de poissons, les habitudes, les mœurs, les instincts, marqués à l'origine par l'ancêtre dont ils descendent.

Envisagée de cette manière, l'histoire des instincts forme la plus belle des psychologies, puisqu'elle renferme l'âme entière de la nature vivante. La puissance indomptable de ces instincts s'explique dès que l'on y voit la force accumulée des générations successives. Chaque ancêtre lègue à sa postérité dont il est le précurseur une partie de ses facultés. Tout être organisé subit la loi de ceux de son espèce qui l'ont précédé; et l'on ne se demande plus si l'harmonie entre eux et ce qui les entoure est *pré-établie* ou *post-établie*. Elle est née de la nécessité; presque toujours elle lui survit.

Ainsi, les êtres organisés sont comme un résumé de tous les temps écoulés. Leurs facultés plongent dans un passé que nous avons peine à mesurer. Par leurs mœurs obstinées, ils nous racontent le passé qui nous échappe; ils nous aident à reconstruire le monde à chacune de ses époques.

L'instinct est le génie persistant de l'espèce ; ce qui le rend si impérieux et si imperturtable, c'est qu'il se compose de l'expérience accumulée des ancêtres. En d'autres termes, il est la somme de toutes les habitudes préconçues qui sont léguées par ses congénères à chaque être en venant au monde.

Quoi ! il y aurait une tradition pour l'animal comme pour l'homme ! Pourquoi non ? Il y aurait un héritage de génération en génération dans la sagesse et l'industrie des insectes ? Oui, évidemment. Ce qui nous confond, c'est quand cette tradition répond à des nécessités et à un ancien état du monde dont nous n'avons aucune idée.

Pourquoi l'instinct est-il plus faible dans l'homme ? Parce qu'il discute et répudie une partie de l'héritage.

La portion d'antiquité et d'expérience qui est entrée dans la sagesse, l'industrie et l'art de l'animal, voilà ce qu'il appartient à nos temps de découvrir et de mesurer. J'ai osé faire un premier pas dans cette voie inexplorée. Je voudrais m'arrêter ici. Il faut pourtant faire un pas de plus. Essayons.

CHAPITRE VI.

EXPLICATION DES MŒURS DES ABEILLES ET DES FOURMIS ACTUELLES PAR LES ABEILLES ET LES FOURMIS FOSSILES. — L'HOMME IMPUISSANT A CHANGER LES MŒURS DE L'INSECTE.

J'ai peine à croire que la cité et la police des abeilles aient été, dès le premier jour, tout ce qu'elles sont. Là aussi, le temps a dû mettre la main. Pourquoi cette différence de mœurs, d'habitudes, de traditions dans les habitants de ces mêmes ruches? La question paraît insoluble, si l'on n'y fait entrer que les éléments du temps actuel. Essayons de l'éclairer, en envisageant la vie de l'espèce entière.

On n'a fait encore, que je sache, aucune application de l'histoire des insectes fossiles aux mœurs des insectes actuels. Voyons où cette voie nous conduit.

Parmi les abeilles actuelles, il en est de solitaires qui ne savent pas fabriquer la cire. Elles construisent leurs rayons d'éléments bruts, étrangers au règne végétal ; c'est un mortier qu'elles maçonnent de sable et de terre. La dépouille des fleurs n'est pour rien dans leurs constructions.

Cela n'indique-t-il pas que ces sortes d'abeilles répondent par leur instinct primitif à un état du monde, où les fleurs étaient rares, sinon absentes? La végétation ne pouvait fournir la matière transparente, épurée d'un édifice de cire ; et les abeilles devaient se contenter de creuser, avec leurs mandibules, des cellules dans le bois mort, ou sous la terre, ou dans les feuilles tombées. Les plus industrieuses, celles qui approchaient le plus de l'espèce actuelle, durent se bâtir des huttes de sable et d'argile, ou de feuilles roulées.

C'est seulement lorsque la flore s'épanouit, que les constructions purent s'élever en cire, faite de la poussière des étamines ; je suis donc autorisé à croire que les abeilles répondent, dans leurs diverses espèces, à des moments divers du monde. Avec des instincts encore barbares, l'abeille maçonne (Apis muraria), a une industrie élémentaire, en comparaison de l'industrie savante de l'abeille domestique. Les cellules à mortier, les nids en maçonnerie de la première sont aux blondes cellules dorées de la seconde, ce que, pour les hommes, l'âge de pierre est à l'âge de bronze et de fer, ou encore les huttes des sauvages de la Nouvelle-Calédonie aux palais et aux villes des peuples civilisés.

Grand sujet d'étonnement! La reine abeille, tout en vivant (1) au milieu des mâles, ne s'apparie jamais dans l'intérieur de la ruche, mais seulement en rase campagne, au haut des airs. Pourquoi? Sans doute, parce qu'à l'origine de l'espèce, il n'y avait ni ruche, ni vie en commun, ni société, ni essaim. Sans industrie, sans miel, la vie se passait en plein air; c'est là que se rencontraient les insectes mâles et femelles. Dans ses mœurs, l'abeille actuelle a retenu un reste des habitudes de l'ancêtre. Le moment de l'amour réveille le libre instinct de l'abeille primitive; et cet ancêtre est, sans doute, l'abeille fossile, Xylocopa senilis (2), qui se creusait pé-

(1) François Huber. *Nouvelles observations sur les abeilles*, p. 43, 45, 58.

(2) Oswald Heer. *Die Urwelt der Schweitz*, p. 386. Cette abeille de bois était déjà probablement bleue.

niblement un refuge dans l'écorce d'un vieux arbre.

N'est-ce pas une raison de ce genre qui expliquerait aussi les castes diverses d'un même nid de fourmis : tant de lignes de démarcation entre elles, tant de différences de conditions, d'occupations ; les unes oisives, les autres condamnées à un labeur perpétuel ; celles-ci faites pour les soins intérieurs, éducation, alimentation, nourriceries ; celles-là pour les travaux de charpente ; les unes chasseresses, les autres gardeuses de troupeaux ; les unes maîtresses, les autres esclaves, toutes formant une même société ?

Comment se faire la moindre idée de l'origine d'une société semblable, si l'on n'y voit les époques successives de la vie du genre fourmi, s'étager l'une sur l'autre, et des industries diverses naître de variétés nouvelles, selon les conditions du temps et des choses ?

L'apparition de la fleur exerça sur l'industrie de la fourmi presque autant d'influence que sur celle de l'abeille. Alors se formèrent, sur les plantes florales, ces tribus de fourmis pasteurs qui réunirent et parquèrent des troupeaux, ce qui ne pouvait être avant l'avénement de l'ère des fleurs.

Un nid de fourmis marquerait ainsi de grandes révolutions de la nature ; on pourrait y retrouver les dates successives de l'histoire du monde végétal. Il y aurait, dans une fourmilière, quelque chose d'analogue aux sociétés humaines, où des castes diverses reposent l'une sur l'autre, chacune d'elles répondant à un certain âge de l'espèce humaine, toutes ensemble composant l'humanité.

Mais voici un autre mystère, et le plus étonnant de tous dans le monde des insectes.

Il y a des espèces entières de fourmis, les roussâtres, les sanguines, qui sont incapables, par elles-mêmes, de trouver, de puiser la nourriture florale dont elles ont besoin. On a fait l'expérience que, livrées à elles-mêmes, elles mourraient de faim, au milieu de l'abondance des fleurs et même du miel (1). Aussi que font-elles? leur industrie est simple. C'est d'enlever dans l'œuf une autre espèce de fourmis, les noires cendrées ou les mineuses, qui possèdent l'art de

(1) P. Huber. *Recherches sur les mœurs des fourmis indigènes*, p. 241.

recueillir la liqueur des plantes, de parquer des pucerons dont elles font leurs troupeaux de vaches laitières. Les roussâtres transportent dans leur demeure ces œufs de noires cendrées, qui, prises *au maillot*, nées dans la captivité sans le savoir, devenues adultes, cherchent la nourriture de leurs maîtres, distillent pour eux le jus des plantes sucrées; si bien que le naturaliste Huber (1), qui a fait le premier cette découverte, a pu appeler les noires cendrées les esclaves, les ilotes et les nègres des roussâtres et des sanguines.

Telle est l'incapacité de ces dernières, qu'elles n'iraient pas même au-devant de la nourriture préparée par d'autres; il faut encore que leurs esclaves soient leurs nourrices pendant toute la durée de leur vie, c'est-à-dire que la pâture leur soit apportée jusqu'à leur bouche. Autrement, elles ne sauraient pas même la ramasser à terre.

(1) Celles-ci vont chercher des esclaves. *Ibid.*, p. 258.
Les Fourmis amazones et leurs Esclaves, Ibid., p. 286.
Ces insectes n'ont qu'un seul objet dans leurs excursions, celui d'enlever des fourmis, pour ainsi dire encore au maillot, chez un peuple laborieux, et de s'en faire des ilotes qui travaillent pour eux. *Ibid.*, p. 235.

Incapables de se nourrir, elles le sont aussi de se bâtir une habitation. Vous diriez qu'étrangères dans le monde qui les entoure, elles sont hors d'état d'en tirer aucun parti. Ne sachant ni boire, ni manger, ni bâtir, il faut qu'une autre espèce dont elles s'emparent, leur serve à tout cela, en faisant pour elles l'office d'intermédiaire avec les fleurs, les pucerons, les brins d'herbe, les tiges de plantes, les grains de sable qu'elles n'auraient pas même l'instinct de s'approprier. En sorte que ces noms d'esclaves et de nègres ne peignent que bien mal et à moitié les conditions de la caste ouvrière dans une fourmilière mixte. Car l'homme peut vivre sans son nègre ou son esclave, au lieu que la caste dominante des fourmis ne pourrait subsister, si elle n'avait sous sa dépendance la caste inférieure des ouvrières noires, cendrées ou mineuses. Ces dernières, pour tous les besoins de la vie, nourriture, habitation, ne sont pas seulement des esclaves; ce sont comme des organes vivants ajoutés aux organes de la classe dominante.

Voilà le mystère des mystères; et comment l'expliquer s'il réfute toutes les lois de la nature vivante?

LIVRE CINQUIÈME.

On pourrait dire que les fourmis oisives, accoutumées à se faire nourrir par leurs esclaves, ont perdu leurs instincts au point de devenir incapables de se nourrir elles-mêmes. Mais que d'impossibilités dans cette réponse ? S'il n'y a pas eu de nécessité, comment et pourquoi se serait formée cette condition anormale d'une espèce qui renonce à vivre par elle-même, et dont l'existence n'est plus que le jeu hasardeux d'un pillage et d'une aventure guerrière qui ne présentent aucun des avantages de la proie ? Car les œufs que l'on enlève, ce n'est pas pour s'en nourrir, c'est pour les laisser éclore. Et puis l'atrophie de l'instinct répugne à tout ce que nous avons vu de l'insecte. Les choses restant les mêmes, il n'y a aucune raison pour que l'instinct de la fourmi ait été bouleversé.

La réponse laisse la question entière : pourquoi les fourmis roussâtres, sanguines, ont-elles renoncé, dès l'origine, à leur activité, à leurs travaux ? pourquoi se sont-elles fait des esclaves sans y être obligées ? pourquoi un effet si extraordinaire sans cause ? Le problème restant entier, je donnerai la solution qui se présente à moi ; elle s'accorde avec tout ce qui précède.

Dans la fourmilière mixte, je vois des représentants d'époques différentes; les castes diverses y répondent à des âges divers de la nature organisée. La fourmi roussâtre, comme la sanguine, est impuissante au milieu du monde actuel, parce qu'elle y demeure étrangère; elle a reçu son empreinte et ses mœurs dans un temps antérieur au nôtre, alors que la fleur manquant au monde, l'industrie florale ne pouvait appartenir à aucun genre de fourmis. De là l'incapacité de s'emparer de la liqueur des fleurs, de la préparer et plus encore d'en nourrir ses larves et sa lignée.

Les fourmis roussâtres, comme les sanguines, n'ont retenu qu'une chose : piller les œufs d'une autre espèce, pour s'en faire une caste serve. D'ailleurs oisives, en tout le reste incapables, au milieu des plus grands besoins, d'y satisfaire même dans l'abondance, ne pouvant ou ne voulant se servir de rien de ce qui est autour d'elles, ne semblent-elles pas des ancêtres égarés dans la nature actuelle? Cette espèce aurait péri depuis longtemps si elle ne se fût asservi, par la force et par la ruse, une autre espèce dont tous les rapports sont avec le monde de nos jours, habile à l'exploiter parce qu'elle lui est adaptée, laborieuse, industrieuse, qui est devenue la condition de l'existence de ses ravisseurs à travers notre époque.

C'est par cette espèce relativement nouvelle, que l'espèce antérieure se tient en rapport avec un monde qui n'est pas le sien, avec une végétation qui n'est pas celle au milieu de laquelle son existence sociale a commencé.

Voilà pourquoi, obstinée à survivre, tous ses instincts anciens se sont confondus en un seul : enlever des individus de l'espèce nouvelle, s'en faire comme des organes nouveaux qui pompent pour elle le suc des plantes qu'elle n'a pas appris à connaître, et lui servent d'intermédiaire avec cette nature nouvelle qui lui est étrangère. Or tout cela n'est pas seulement hasard ou fantaisie d'insecte; c'est la nécessité, la condition de vie.

Revenons d'un cas particulier à la loi générale.

Si les instincts des insectes sont si imperturbables, si merveilleux, l'antiquité n'y est-elle pour rien? Depuis des myriades de générations, ils se transmettent, les uns aux autres, les mêmes habitudes. Ne doivent-elles pas s'affermir, en durant? Toute la force accumulée des âges pèse sur chacun d'eux. On dirait que la nature, revenant perpétuellement sur le même dessin, le grave plus profondément à chaque époque. L'empreinte reçue de l'espèce va ainsi s'appesantissant sur chaque individu, et la sagesse, l'intelligence de l'abeille, de la fourmi, des arachnides, se compose de l'intelligence accumulée de l'espèce depuis sa première apparition sur la terre. De là, cette perfection d'industrie, ces mœurs invétérées, cette géométrie immuable, ces plans et ces conseils qu'aucune commotion du globe ne peut changer, et cette apparence de préméditation dans l'infiniment petit.

L'homme a abaissé les montagnes, il a détourné les fleuves; il a modifié le cheval, le bœuf, le chameau. Il n'a rien pu ou presque rien sur l'abeille domestique (1). Il a eu beau se faire toute une science de la cultiver, de la loger, de lui préparer le vivre et le couvert. Elle a profité de ses dons, mais elle lui a tenu

---

(1) Je trouve la confirmation de cette vue dans le dernier volume de l'ouvrage de Darwin, traduit par Moulinié. *De la variation des animaux et des plantes.* T. II, p. 270. « L'abeille, qui se nourrit par elle-même et conserve la plupart de ses habitudes naturelles, est, de tous les animaux domestiques, le moins variable. »

tête. Il n'a pu en tirer une race nouvelle, ni un exemplaire nouveau. Depuis Évandre, elle a vaincu l'espèce humaine en caractère et en ténacité.

On dit (1) que l'art de l'homme a pu quelque chose sur le *ver à soie*, que ce ver s'est soumis en quelque cas à la domination de la volonté humaine en teignant son cocon de couleurs plus ou moins blanches ou jaunes. Car c'est à quoi se réduit la victoire de l'humanité sur cette larve. Encore a-t-il fallu la surprendre endormie, dans son état d'embryon. L'insecte, à son état parfait, se joue de tous les efforts de la culture; devenu papillon, il reprend cette force invincible d'immutabilité, quels qu'aient été les changements des langes de sa chrysalide.

Grâce à cette quasi-immutabilité des formes et des mœurs des insectes, la découverte de tel insecte fossile nous révèle l'état, les circonstances du monde où il vivait. Ces petits êtres bigarrés, qui ont gardé leurs couleurs sont autant d'hiéroglyphes enfouis qui con-

---

(1) Charles Darwin. *De la variation des animaux et des plantes sous l'action de la domestication*, traduit par Moulinié. T. I, p. 321, 323.

tiennent le secret de la nature environnante.

L'existence de chacun d'eux suppose l'existence de la plante, de l'arbre qu'il habite et dont il se nourrit encore aujourd'hui. Tant le lien est intime, la solidarité étroite entre la partie la plus infime et le grand tout de la nature ; tant surtout les mœurs et les industries sont immuables dans ce monde diapré! Comme dans un édifice bien ordonné, le moindre détail, une feuille d'acanthe, un trèfle nous révèle l'ordre d'architecture, grecque ou gothique, de même une aile, une élytre de scarabée rétablit, pour nous, les plantes, l'arbre dont il vivait, et, jusqu'à un certain point, la forme de la contrée.

C'est ainsi que les byrridiens font penser que la forêt liasique était tapissée de mousse (1) sur le sol et au tronc des arbres. Le criocère de l'époque tertiaire m'apprend qu'il y avait déjà des champs de lis épanouis où il faisait sa demeure. De l'hispe je conclus à l'acacia, du balaninus à l'aune et au noisetier, des lamies au peuplier. Une patte de sitone (2) fait apparaître à mes yeux la noire forêt de conifères.

(1) Heer. *Urwelt*, 89.
(2) *Sitona atavina*, p. 375.

On peut dire aussi qu'il y avait là, avant des millions de siècles, une plage, un lac d'eau ou une savane. Tout cela écrit sur l'aile de cette libellule ou de ce bupreste.

J'ai assez parlé de l'insecte ; venons à l'homme.

LIVRE SIXIÈME.

LE SINGE ET L'HOMME.

CHAPITRE PREMIER.

APPARITION DE L'HOMME. — OU A-T-IL PARU D'ABORD? — L'HOMME MONTAGNARD. — QU'EST-CE QUI SÉPARE L'HOMME DU SINGE? — EXPLICATION DES LONGS BRAS DES SINGES A FORME HUMAINE. — LE GIBBON DANS LA FORÊT TERTIAIRE. — EN QUOI CONFORME AU MONDE MIOCÈNE.

A la fin de la révolution qui a soulevé les montagnes, je rencontre un être qui se dresse sur ses pieds et regarde les sommets. C'est l'homme.

Avant lui, sur une terre basse, presque tous les êtres marchaient, la tête inclinée vers le sol. Par là, je crois sentir que la force qui a exhaussé les Alpes, les Pyrénées, le Caucase, l'Himalaya a agi d'une manière qui m'est encore incompréhensible sur cet être nouveau et l'a marqué d'un type nouveau, la station droite.

Je crois aussi sentir qu'il a dû naître et se produire d'abord sur quelque plateau d'où il apercevait au-dessus de lui une contrée montagneuse qui attirait ses regards vers des lieux plus élevés (1) et le contraignait ainsi à lever la tête, jusqu'à ce qu'il rencontrât le ciel.

Non, l'homme ne pouvait naître et se former sur la plage unie de la mer jurassique, elle était faite pour les reptiles. Il ne pouvait davantage apparaître dans l'île carbonifère, non plus que dans les fouillis impénétrables de la première forêt tertiaire, où s'égaraient les quadrupèdes, où les singes se glissaient en gardant une attitude oblique. Aux habitudes de son corps, je reconnais son berceau; ce berceau a été un gradin élevé, ouvert au flanc des montagnes qui viennent de surgir et d'où il aperçoit les continents déroulés autour de lui, et les cimes qui l'invitent à les fouler du pied. En escaladant

(1) Cette vue se confirme par les travaux de M. de Rossi : « De mes études topographiques, dit-il, j'avais conclu que l'homme de la période quaternaire habitait dans le voisinage des montagnes et ne s'établissait pas dans les plaines. » Voir *Congrès international d'anthropologie*, 1867, p. 109.

un roc escarpé, l'homme se trouva naturellement debout; il vit le ciel pour la première fois. Encore aujourd'hui, il est dans l'attitude d'un être qu'un premier mouvement porte en avant vers les lieux hauts. Il est debout, il va, il monte; c'est le sceau qui lui a été imprimé pour toujours.

Ne croyez pas qu'il ait fallu des siècles de siècles pour le dégager des habitudes des quadrumanes. A certains moments, la nature franchit un grand intervalle.

Quoi que vous fassiez, vous n'élèverez pas le singe à l'homme ni vous ne ramènerez l'homme au singe. Pourquoi? Parce qu'entre eux il y a plusieurs révolutions du globe.

Le singe porte le sceau d'une autre figure du monde; il représente l'époque éocène (1), c'est-à-dire une aube, un crépuscule, et non la lumière du plein jour. C'est là qu'il est resté; il n'a pu franchir cette borne encore à demi enténébrée.

L'homme représente un autre âge de l'univers; il est la lumière du monde à son midi. Il n'y a pas plus d'identité de famille entre le singe et

---

(1) Rutimeyer, Owen.

lui qu'entre le globe de l'époque nummulitique et le globe de l'époque pliocène. Des myriades de siècles les séparent; dans cet intervalle, des événements, des bouleversements ont changé la physionomie de la nature entière. Ne brouillez pas cette chronologie ; c'est l'ordre même dans la succession des êtres.

Pour moi, je l'avoue, j'ai été longtemps arrêté par ce problème. Je ne savais que faire d'une ressemblance si grande de conformation. Je m'inquiétais de cette étrange parenté, jusqu'à ce que j'aie compris qu'une éternité est entre eux et qu'ils portent chacun le sceau indestructible d'une figure différente du monde. Vous ne pouvez faire que le singe franchisse aujourd'hui les époques tertiaires, ni que l'homme remonte au jurassique.

En vain nous admirons la ressemblance entre le cerveau du singe et le cerveau de l'homme. Il est un point qui nous échappe. Dans les plis de cet étroit cerveau du quadrumane sont gravés les habitudes, les instincts, les conditions, les impressions et comme les lignes du monde nummulitique ; le sceau marqué de cette époque ne s'altère pas. Aujourd'hui le singe vit et sent comme il vivait et sentait à cet âge du monde. Il est demeuré fixé à cette date, il la porte en lui dans chacun de ses mouvements, de ses actes et dans ses regards même. La demi-lueur du monde éocène à laquelle remonte le type simien est restée dans ses yeux clignotants. Il n'est notre contemporain qu'en apparence. C'est l'individu seul qui, chez lui, est de notre temps. L'espèce n'en est pas; tous ses traits étaient déjà marqués, avant que le monde actuel fût.

Voilà pourquoi, en dépit des apparences, un abîme sépare sa famille de la nôtre. Il ne peut entrer dans notre monde, nous ne pouvons retourner dans le sien. Nous sommes placés à deux étages distincts du temps. Nous ne réussirons pas à les brouiller dans un seul et même être. Autre époque, autre esprit, autre forme.

Le singe est conforme à un monde de forêts inextricables, tel que la forêt tertiaire de l'âge éocène, où un être vivant ne pouvait se mouvoir qu'en se baissant, se courbant, se pliant, se suspendant aux lianes, devant des obstacles qui embarrassaient chacun de ses mouvements. C'est encore là aujourd'hui la démarche oblique du singe ; il ne peut en changer que pour un moment. Quoi qu'il fasse, il semble toujours se glisser obliquement à travers le fouillis et le sous-bois de la forêt tertiaire.

Au contraire, l'homme est conforme à un monde qui s'ouvre sous ses pas, où il peut s'avancer sans effort, sans se courber, ni s'agenouiller, ni se tapir, ni ramper, où l'espace se dévoile devant lui et l'invite à prendre possession de l'horizon, où toute la terre lui dit : Lève-toi et marche !

Cela suppose un plateau émergé de la mer de verdure, tel qu'il dut s'en présenter après le soulèvement des chaînes centrales. L'homme aujourd'hui ne peut faire un pas, sans porter avec lui le sceau et comme la figure de ce nouvel âge du monde.

A la première vue, rien de plus étonnant que les bras démesurés des grands singes, à forme humaine, et surtout du gibbon. Qu'ont-ils à faire de ces bras qui traînent à terre? Depuis que l'on connaît leurs habitudes et leur époque d'origine, il me semble que tout s'explique.

Le gibbon a vécu, comme il fait aujourd'hui, sur le sommet des arbres de la forêt tertiaire. Il la parcourt, il la traverse non à pied, mais, pour ainsi dire, à bras tendus. De cime en cime il s'élance, suspendu et balancé par un bras, d'une branche à l'autre, à la distance de trente ou quarante pieds (1). Après s'être projeté d'une main, il rebondit de l'autre, et poursuit indéfiniment du matin au soir cette course aérienne.

Dans cette furieuse gymnastique, il distend, il étire, il allonge incessamment ses bras, de génération en génération. Vivant ainsi suspendu, comment ses membres antérieurs ne s'allongeraient-ils pas démesurément? Comment lorsqu'il se tient debout, ses bras, ainsi développés par l'exercice, ne traîneraient-ils pas jusqu'à terre? Il en est, alors, visiblement embarrassé; s'il se met à marcher debout dès qu'il se sent en sûreté, il s'en sert comme d'un balancier pour assurer ses pas incertains et chancelants.

Survient-il une alerte? il quitte aussitôt cette démarche empruntée, où il est encore novice, pour reprendre tous ses avantages, en s'élançant sur les arbres les plus prochains, et dont il ne quitte plus les cimes. Les bras et les mains tou-

(1) Th. H. Huxley, traduit par le Dr E. Dally. *De la place de l'homme dans la nature*, p. 129.

jours occupés, il semble alors voltiger de rameaux en rameaux, alerte, infatigable, rapide au point qu'il peut saisir les oiseaux au vol ; et cela par émulation plutôt que par appétit de proie, puisqu'il ne se nourrit pas de chair. D'ailleurs conforme en tout au monde tertiaire, où il a reçu son empreinte avec ses premières mœurs qui sont restées ineffaçables. A regarder ses bras perpétuellement tendus de branche en branche, je vois se dérouler devant moi les immenses abîmes de verdure de la forêt tertiaire où le gibbon, sans toucher terre, roule, nage, voltige, se lance comme une fronde, depuis l'Asie équatoriale jusqu'aux rives de la mer helvétique. Plus lents ou plus paresseux, les orangs-outangs, les chimpanzés, les gorilles ne le suivront qu'avec peine. Moins actifs, ils ont les bras moins longs.

L'orang-outang, qui va toujours naturellement à quatre pattes, habite les plaines. Au contraire, le singe qui ressemble le plus à l'homme par la marche verticale, le gibbon est un véritable montagnard. Il hante les flancs des collines ; c'est sur leurs pentes adoucies qu'il s'essaye à la marche droite ; et il y réussit quand rien ne l'inquiète, dans quelque alpage incliné aux pieds des grands monts. A plus forte raison l'homme a-t-il été en naissant montagnard comme lui ; il avait besoin de plateaux ouverts pour que la marche droite qui n'avait été qu'un accident, un essai pour le gibbon et les autres anthropoïdes, devînt pour lui l'habitude et la règle constante.

Ainsi le singe et l'homme datent d'une ère différente. Il y a entre eux la même différence qu'entre l'élévation des Pyrénées, des Alpes, des Cordillères, et les terres basses, les collines tronquées du globe antérieur. Voilà pourquoi le singe ne peut s'élever à l'homme, ni l'homme retomber au singe. Ils sont séparés par une figure toute différente des continents et par plusieurs révolutions de la planète.

Autrefois, je m'inquiétais d'une foule de questions étranges dont je ne trouvais la solution dans aucun livre. Je me demandais ce qu'il fallait penser de ces unions hybrides, que supposaient les anciens et même les modernes (1), entre des êtres aussi éloignés que les quadrumanes et l'homme ; s'il avait pu en sortir quelque famille

---

(1) Buffon suppose encore que des négresses sont enlevées par de grands singes. *Hist. nat.* T. XII, p. 70.

monstrueuse dont se seraient emparées les mythologies antiques pour en faire leurs satyres et leurs sylvains. Je sais maintenant ce que je dois croire de ces imaginations qui entrent quelquefois dans la science, et y restent oubliées, sans être jamais ni confirmées ni réfutées. Je sais quelle raison s'oppose à ce que deux espèces analogues, essentiellement différentes, puissent produire ensemble une espèce nouvelle.

C'est qu'elles sont séparées l'une de l'autre par des états trop différents du monde; il ne peut y avoir rien de fécond dans l'union entre des êtres qui appartiennent à des époques essentiellement distinctes de la nature. Le globe entier est entre elles.

Chaque espèce, étant placée à un certain degré de l'échelle du temps, ne peut pas plus être mêlée à une autre espèce, son analogue, que le monde silurien ne peut être confondu avec le jurassique, et le jurassique avec le tertiaire, et le tertiaire avec le monde d'aujourd'hui.

Comment le singe pourrait-il se confondre avec l'homme? Ils marquent des dates, des moments entièrement différents dans l'histoire du monde.

On retrouve même quelque ombre de cette loi, dans la succession des choses humaines. Des peuples placés à des degrés absolument différents sur l'échelle du temps ne peuvent produire ensemble une forme nouvelle de société. Le moyen âge, là où il existe, ne peut, en restant moyen âge, épouser l'homme moderne. Le Peau-Rouge d'Amérique ne peut épouser la société anglo-saxonne, ni le Polynésien la société européenne. Le paria hindou ne peut, en restant paria, se mêler à la civilisation actuelle. L'intervalle de temps qui les sépare est trop grand, les esprits trop distants pour que l'union soit féconde. Il faut que l'un ou l'autre de ces esprits disparaisse.

Là est le principe de la stérilité du mélange entre les espèces trop différentes. La nature ne consent pas à brouiller ses dates et à confondre ses époques dans un anachronisme vivant.

CHAPITRE II.

D'OÙ VIENT L'HOMME. — PREUVES NOUVELLES DE SA RESSEMBLANCE AVEC LE SINGE. — QUESTION NOUVELLE QUI EN RÉSULTE. — COMMENT LA RÉSOUDRE. — DE L'ANCÊTRE COMMUN.

L'homme veut bien avoir tous les vices communs avec l'animal; et, si on lui dit que par là, il trahit sa parenté avec le monde inférieur, il s'indigne. Cruauté, gloutonnerie, sensualité de la bête, il veut bien partager tout cela avec elle. Mais, chez lui, dit-il, c'est tout autre chose! Gloutonnerie, sensualité, bestialité d'archange! A la bonne heure! Le suivrons-nous jusque-là?

Moi, descendre d'un ancêtre qui marchait à quatre pattes! accepter cette origine! chercher là mes aïeux? — Pourquoi non? Tu acceptes bien d'être né de la boue antédiluvienne. —

Oui, mais de la boue paradisiaque; celle-là n'a servi qu'à moi, elle n'a été façonnée que pour moi. Le limon dont je suis fait ne ressemble à aucun autre limon. — Plaisant orgueil! voyons ce qu'il cache.

Il ne s'agit plus aujourd'hui de ce que l'on appelait autrefois un jeu, une ironie de la nature. Non, prenons-en notre parti. Plus on étudie anatomiquement le singe et l'homme, plus on découvre de similitude entre eux. Les ressemblances sont fondamentales, les différences accessoires : les dents, la main, le pied, le cerveau presque pareils, sauf le poids, la dimension; l'ouvrier tout semblable et l'œuvre toute différente. C'est là, il faut l'avouer, une étrange énigme, et une question nouvelle qui se pose dans le monde.

Des causes si semblables et des effets si prodigieusement différents! une structure si pareille et des destinées si opposées! Voilà un nouveau mystère, et qu'en dois-je conclure? qu'il y a quelque cause oubliée et des choses qui échappent à l'anatomie. Peut-être est-ce ici qu'une physiologie nouvelle doit intervenir : empreinte d'un certain âge du monde, date vivante de l'univers terrestre, mouvements obscurs, impressions imperceptibles dont se compose le travail de la vie.

Nous ne nous rendons compte des montagnes que depuis que nous connaissons les êtres microscopiques qui les ont formées. Peut-être en est-il de même du singe et de l'homme. Nous comptons leurs os, les lobes de leurs cerveaux et nous trouvons tout cela semblable. Mais les infiniment petits qui travaillent dans l'un et dans l'autre, quand les trouvera-t-on au bout de son scalpel? Ces infiniment petits qui ont édifié des mondes si divers sont peut-être les vrais artisans des différences dont les causes nous échappent. Puisqu'ils nous ont expliqué les montagnes, peut-être nous expliqueront-ils un jour *les Andes et les Alpes du monde vivant* (1), je veux dire l'homme.

Dans presque toute la nature animale, les espèces différentes ne s'unissent pas, ou du moins leurs mélanges restent inféconds après une génération. Toutes les races humaines peuvent s'unir et produire ensemble, voilà le

---

(1) Th. H. Huxley, traduit par le Dr E. Dally. *Place de l'homme dans la nature*, p. 249.

grand argument de l'unité originelle de l'espèce humaine.

Si chaque race humaine descendait d'un certain type de singe, chacune d'elles s'éloignant de plus en plus de son ancêtre, serait étrangère à toutes les autres ; elle en serait plus distante que le gibbon ne l'est de l'orang, l'orang du chimpanzé, le chimpanzé du gorille. Comme ces espèces sont séparées au point de ne pouvoir se mélanger, la séparation serait bien plus grande pour leur postérité transformée ; l'homme blanc ne pourrait s'unir au noir ni le noir au rouge, ni le rouge au jaune. Ainsi les espèces humaines seraient parquées comme les différentes séries de singes dont elles seraient descendues.

Au contraire les races humaines s'unissent, se mêlent, et leur union est féconde. Elles ne forment donc entre elles qu'une seule espèce humaine. Si l'on admet la descendance par transformation, il n'y a pas eu un type antérieur pour la race blanche, un autre pour la race noire, un autre pour la race rouge, mais toutes remontent à une même espèce qui s'est diversifiée dans sa descendance ; les rameaux divers remontent à un même tronc.

Si vous admettez que l'homme descend du singe, du moins il ne descend pas indistinctement d'espèces différentes d'anthropomorphes ; l'ancêtre commun n'a pas été, tout à la fois, le gibbon, l'orang, le chimpanzé, le gorille, ou d'autres types plus anciens. Choisissez. Il ne peut appartenir à la fois à des séries distinctes qui ne produisent pas entre elles.

L'homme est donc descendu d'un seul et même type antérieur, quel que soit celui que vous choisissiez. Il ne peut avoir dans ses origines la promiscuité des espèces qui n'existe pas dans le reste de la nature vivante.

Il est un dans ses variétés de races ; à plus forte raison, l'ancêtre commun dont il descend a été un comme lui.

Allons au bout de ces hypothèses : que voyons-nous ? L'homme sortir des transformations d'un singe anthropomorphe ou plutôt d'une même souche primitive que celle des singes ; et dans ce dernier cas, il a dû y avoir, entre la souche primitive et l'homme, des formes intermédiaires, toutes gravitant vers lui, toutes différentes des formes simiennes. Car personne n'imaginera, je pense, que si les lémuriens, par exemple, ont été cet ancêtre commun, l'homme soit sorti de ce tronc sans aucune transition. La branche humaine a dû être graduée comme la branche simienne. Or jusqu'ici aucune de ces formes collatérales ne s'est encore montrée dans le développement du rameau humain. Pour vingt-cinq espèces de singes fossiles, on n'a jusqu'à présent découvert qu'une seule espèce humaine, tête allongée ou tête ronde, depuis le crâne de Néanderthal jusqu'à celui des Eyzies. Dès que l'homme apparaît, il est déjà homme tout entier.

CHAPITRE III.

UNITÉ OU PLURALITÉ DES ORIGINES DE L'ESPÈCE HUMAINE.

J'ai touché la question dont notre siècle se scandalise. Il faut y insister à d'autres points de vue. Laissons là nos prétentions de parvenus ; osons voir clair dans notre généalogie au milieu des classes d'êtres organisés.

L'homme a paru ; mais lequel, blanc ou noir ou jaune ou rouge ? Que ferons-nous des différentes races humaines ? On a supposé qu'elles sont chacune le couronnement d'une certaine famille de singes. Les macaques se sont élevés aux chimpanzés, les cynocéphales aux gorilles, les gibbons aux orangs : et cet arbre de vie, en se prolongeant par des rameaux encore inconnus, a abouti, le singe africain au nègre, l'asiatique au négrito, l'américain à l'Indien peau-rouge. En un mot, dans cette hypothèse, le genre humain, avec ses diversités, est le prolongement des trois ou quatre séries parallèles de Primates, qui tendent obscurément vers lui, en s'en rapprochant d'époques en époques sans pouvoir l'atteindre (1). Les races humaines reposent sur ces quatre colonnes vivantes qu'elles couronnent à leur faite, comme on voit, dans les piliers gothiques, la figure humaine s'épanouir en groupe dans le chapiteau.

D'autres pensent que les différentes parties de l'homme sont dérivées de différentes espèces de singes qui ont convergé en lui. Est-ce donc que la nature a pris la tête de l'ouistiti, la main du chimpanzé, le cerveau de l'orang, le pied du gorille, le torse du siamang pour en former l'homme, à peu près comme Phidias prenait les traits épars dans les familles des Hellènes, pour composer de cet assemblage son Jupiter Olympien? D'après cette hypothèse les traits de l'homme, d'abord dispersés dans cinq espèces de singes différents, un en Amérique, deux en Afrique,

---

(1) Vogt. *Leçons sur l'homme*, p. 623.

deux en Asie se seraient plus tard réunis en un seul être auquel auraient contribué tous les continents.

Ces hypothèses en supposent une autre, à savoir que les diverses familles de singes peuvent produire entre elles des métis capables de se perpétuer, l'orang avec le gorille, le chimpanzé avec le semnopithèque. Autrement il serait difficile de concevoir que des séries parallèles de singes, incapables de se rapprocher, aient pu aboutir à des races humaines blanches, noires, cuivrées qui toutes se mêlent entre elles. Les descendants seraient-ils donc plus rapprochés que les ancêtres? et des lignes parallèles se croiseraient-elles à leur sommet?

Vous demandez si chaque groupe humain est né dans les lieux où on le rencontre pour la première fois, le Basque dans les Pyrénées, le type helvétique en Helvétie, le Romain en Italie. L'homme qui vivait avec l'ours de caverne, sur les bords de la Meuse, dans la grotte d'Engis, vient-il réellement de là ou d'une contrée voisine? Les têtes étroites se sont-elles formées en Étrurie, les longues en Belgique? En un mot suffit-il qu'un type humain se soit perpétué dans un même lieu pour affirmer qu'il y a apparu pour la première fois ?

Nous avons peine à concevoir que l'espèce humaine ait été semée dès l'origine avec profusion sur la terre entière. Si c'est là un préjugé, il tient à mille racines. Nous voyons les premières plantes cheminer d'un point central, et nous en concluons naturellement que la plante humaine s'est répandue ainsi d'un lieu à l'autre. Il nous semble qu'il a fallu un concours de circonstances rares pour produire ce dernier-né de la création. Il perdrait quelque chose à nos yeux, s'il avait apparu en foule, sur chaque point du globe. Nous aimons à lui faire un berceau unique d'où il sort pour se répandre par degrés sur le monde.

Peut-être, encore une fois, n'est-ce là qu'une illusion, une prévention dont il faut nous départir. Je le veux bien ; mais convenez qu'elle a pour elle plus d'une raison sérieuse. Dans ce nombre je compte la facilité de migration des premiers hommes, leur condition de chasseur qui les entraînait d'une région dans une autre, l'appétit de proie qui devait attirer des hommes affamés vers des contrées encore neuves, l'expérience que nous avons de la manière dont se sont peuplés les continents, depuis les temps historiques.

A cela, on oppose la permanence du caractère des races humaines dans chaque lieu qu'elles habitent; d'où l'on induit qu'elles ont été jetées dans tel moule et non pas dans tel autre. Mais cette objection perd beaucoup de sa force, si l'on recule assez l'antiquité des origines humaines, pour que chaque lieu ait donné un trait particulier aux hommes qui s'y sont établis.

Ces diverses opinions balancées entre elles, il semble que la plus forte est encore celle qui restreint les origines humaines à certains centres, puisqu'elle explique, au moins, comment les divers groupes humains que l'on rencontre en des stations si opposées, ne forment après tout qu'une même espèce humaine.

On insiste, il est vrai, et l'on ajoute que l'on vient de découvrir que des espèces animales, très-différentes, le chameau et le dromadaire, le renard et le chien, le bouquetin et la chèvre, le lièvre et le lapin peuvent s'unir et produire une lignée féconde, d'où il suit que les races humaines peuvent aussi se mêler sans avoir une commune origine; ce qui ramène la question à son point de départ.

En voyant la permanence du type dorien dans Sparte, du type espagnol dans l'Amérique du Sud, de l'Anglo-Saxon dans le Nord, on pourrait tout aussi bien dire qu'ils y sont indigènes.

Unité, pluralité des origines humaines. Combien de temps balancera-t-on encore entre les deux hypothèses? Chacune d'elles a ses raisons, ses défenseurs, ses nécessités apparentes. La première a pour elle l'habitude reçue; la seconde, les sentiments de tous les peuples anciens qui se disaient nés de la terre qu'ils habitaient.

Si, dans un problème aussi obscur encore, nous voulons remonter à l'inconnu par le connu, je suis tenté de courir la chance que voici : Nous savons, de la plus grande partie des êtres organisés, que les migrations ont joué un grand rôle dans leur distribution sur le globe. Même le brin d'herbe se propage d'un point à un autre. Il a sa première patrie; s'il arrive en haut de ce rocher, c'est qu'il y a été apporté.

L'analogie me pousse à conclure qu'il en a été de même de cet autre brin d'herbe, l'homme, qu'il n'a pas germé spontanément dans chaque lieu où je le trouve, mais qu'il y est venu d'un point central, d'où il a rayonné; et ce qui, à tort ou à raison, fortifie en moi cette idée, au point de lui donner une presque certitude, c'est que partout où je le rencontre, à Engis, à Néanderthal, aux Pyrénées, il possède déjà des silex ou des marbres qu'il a dû apporter de loin; il a déjà un certain art traditionnel au moins d'allumer le feu; et il semble qu'il a dû se transmettre ce grossier flambeau, de mains en mains, d'une peuplade à l'autre, ce qui me ramène à l'idée d'une filiation continue.

Mais, dira-t-on, le berceau de l'homme, où le placez-vous? Des naturalistes (1) imaginent que l'endroit où il a apparu était un vaste continent qui s'est abîmé derrière lui dans l'océan Pacifique. L'homme aurait franchi le pont qui se serait écroulé derrière lui entre l'Afrique et la Polynésie; les mers tropicales auraient enseveli son secret. Ce premier-né du naufrage d'un monde, cet abîme océanien qui cache les premiè-

(1) Andrew Murray. *The geographical distribution of mammals*, p. 75. London 1866.

res origines de la race humaine, ce berceau qui est un gouffre, cet univers qui sombre au fond des eaux comme une barque, sous le poids du premier homme ; l'idée est sublime. Est-elle vraie ? A un mystère on répond par un plus grand mystère.

CHAPITRE IV.

CONCLUSION. — QUAND LA SCIENCE SE TAIT, C'EST A LA POÉSIE DE PARLER. — L'ADAM TERTIAIRE, L'ADAM DE LA BIBLE, LE CALIBAN DE SHAKESPEARE.

Conclusion. L'homme ne descend pas immédiatement des singes connus. Ce point est assuré. Mais aussitôt la question reparaît. D'où vient-il ? Où trouver cet intermédiaire, cet ancêtre que nous avons cherché vainement parmi les êtres actuels ? La terre le recèle-t-elle encore dans ses flancs ? le révélera-t-elle tôt ou tard ? ou la confusion nous sera-t-elle épargnée de voir face à face notre premier parent, l'Adam du monde tertiaire, tendre de loin la main à l'Adam de la Bible et de Milton ?

Il nous faudrait un être composé à notre fantaisie ; nous le voudrions tout près du type simien, et qui pourtant aurait déjà quelque apparence humaine, satyre, faune ou cyclope, tête et visage d'homme, jambes et bras de gorille. Mais c'est là ce que nous n'avons pu encore rencontrer. Les cavernes d'Engis, de Néanderthal, des Eyzies, de la Naulette, ont acquis une grande renommée parce que l'on espérait trouver dans les crânes qu'elles renferment le premier Adam au milieu de son paradis glaciaire.

Faux espoir! C'étaient bien là des fronts déprimés, des cerveaux étroits, des têtes allongées; mais, après tout, c'étaient des têtes d'hommes, non de singes, soit, comme je le pense, que l'homme ait commencé à se séparer de la foule par la tête, soit que les ossements remontent à une époque trop récente. Même dans l'homme de Néanderthal, le plus abaissé qui ait encore paru, se retrouve, presque en son entier, l'homme actuel d'Australie. Le crâne a déjà une capacité qui dépasse de beaucoup celle du singe le plus élevé. Une pensée, si grossière qu'elle soit, a soulevé les voûtes, élargi les lobes de ce cerveau.

Par un autre jeu de la nature ou du hasard, le crâne trouvé à Engis, quoique l'un des plus anciens, montre déjà les capacités, le front ouvert, l'angle élargi du type caucasique. En sorte qu'après tant de recherches, de fouilles, de découvertes, nous voilà rejetés dans les incertitudes d'où nous voulions sortir : ne sachant encore comment l'homme a commencé d'être homme; trouvant en lui, dans le même moment, l'organisation la plus abaissée et la plus haute, presque l'idiot, et déjà l'*homo sapiens*.

A quelle conclusion nous arrêterons-nous? A celle-ci qui ressort de tout ce qui précède : si l'on ne trouve pas les formes intermédiaires entre les primates supérieurs et l'homme, c'est que l'homme, une fois séparé des singes par un intervalle quelconque, s'est éloigné à grands pas de sa première origine. Une fois apparu, il n'a pas langui dans les types simiens; mais il s'est détaché rapidement, au moins dans certaines parties principales, de l'état inférieur. C'est par la tête qu'il s'est fait reconnaître d'abord au-dessus du troupeau des simiens; dès qu'il a existé, il les a dominés du front.

En un mot, si l'on ne découvre pas de ces restes d'hommes, voisins par le crâne de la famille des singes, c'est que la nature ne s'est pas reposée longtemps dans cette première forme de l'homme. Aussitôt commencé, elle a voulu l'achever. La différence de l'un à l'autre a grandi rapidement, comme si la nature eût voulu enfouir son ébauche. Le premier homme a eu à peine le temps de laisser son empreinte sur la terre.

Où les découvertes manquent, une chose reste, l'induction ; et c'est sans doute une idée profonde que de considérer les hommes infirmes, à petites têtes de nos jours, les microcéphales, comme un retour de la nature vers la figure première de l'homme. D'après cela, l'humanité première aurait été composée de microcéphales, c'est-à-dire d'êtres privés des facultés les plus nécessaires. Mais de nos jours, les microcéphales, faute d'intelligence, périraient bientôt s'ils n'étaient aidés, soutenus, nourris par l'intelligence des autres. N'en eût-il pas été de même des premiers hommes, s'ils eussent été frappés en naissant de la même imbécillité d'esprit ? Au contraire, ils ont eu besoin d'instincts énergiques pour se faire leur chemin à travers un monde hostile.

Voilà quelques-uns des embarras où l'homme

s'agite aujourd'hui à la recherche de ses origines. Malgré tout, on sent que la difficulté cède sous l'effort. Le moment de pleine lumière approche; nous n'en sommes plus séparés, il semble, que par une étroite cloison qu'un coup de pioche peut faire tomber aujourd'hui, ou demain. Chose rare surtout, l'esprit est préparé à accepter l'événement dès qu'il viendra à luire. Et cet événement, c'est un débris d'ossement, une portion de crâne, une bouche fermée depuis des milliers de siècles, qui s'ouvrira pour dire le secret attendu de l'espèce humaine.

Cependant, nous qui n'avons qu'une heure, un moment de vie, que ferons-nous pour hâter le mot de l'énigme? Ne le devançons pas. Si nous le pressentons, attendons que l'événement le publie. C'est la misère de notre vie d'éphémères, de voir tout se précipiter vers la lumière, et le temps nous manquer pour dissiper ce peu d'ombre qui s'obstine encore. Que nos yeux se tournent vers le lever du jour, toute notre impatience ne hâtera pas d'une heure l'aurore grandissante. Épions-la, c'est assez.

Malgré la curiosité qui nous emporte, arrêtons-nous ici. Nous avons précédemment assez lâché la bride à nos impatiences d'esprit. Sachons enfin nous refréner et attendre.

Si nous nous obstinons, quand la science et l'expérience se taisent, c'est à la poésie de parler. Elle seule peut remplir aujourd'hui le vide qui vient de s'ouvrir devant nous. Vous demandez quel fut le premier être informe qui unit intimement dans une première alliance la bête et l'homme. Ne le cherchez pas davantage, il existe. — Où donc? — Chez les poëtes. Ouvrez les yeux.

Si nous ne voulons plus de l'Adam de Milton, descendons d'échelons en échelons tous les degrés de la forme humaine; nous trouvons au bas le monstre qu'il nous faut. Shakespeare l'a rencontré dans la Tempête (1); il l'a nommé Caliban.

— « Holà, esclave, motte de terre, parle...
— Monstre, marche devant; nous te suivrons. »

Voilà celui que nous cherchons, encore animal, à peine homme et déjà remplissant la scène. Il hennit, il rugit, il parle tout ensemble. Comparez son ô hô, ô hô, au terrible *goak* du gorille. C'est le même fond de langue. Marche-t-il, rampe-t-il? Sur deux pieds ou à quatre

(1) Shakespeare. *La Tempête.* Acte I, sc. II.

pattes? Je ne sais. Tout cela à son heure. Ou plutôt, n'est-ce pas là encore un reste de la nature simienne? le voilà tout vivant, le dernier né des primates, Caliban, l'homme tertiaire ou miocène.

— « Qu'est-ce que je vois là? Un homme ou un poisson? Vivant ou mort? Ce doit être un poisson. »
— « Il a des jambes d'homme et des nageoires ressemblant à des bras. »

Mesurez, si vous le voulez, les étages, les créations successives qui séparent Caliban du second Adam biblique. Vous trouverez des révolutions géologiques entre eux. D'un côté, il tend la main, comme le dryopithèque, aux organisations inférieures de l'âge jurassique et crétacé, de l'autre, il aspire déjà, par ce sourd hennissement, à je ne sais quel Dieu qui le soulève de terre.

— « Tu n'articulais, sauvage, que des sons confus et vides de sens, comme aurait pu faire une brute.
— Je t'en prie, sois mon Dieu..... « Voilà un excellent Dieu; je vais m'agenouiller devant lui. »
— Arrive, monstre.
— Nous perdons un temps précieux, et tout à l'heure nous allons tous nous voir transformés en huîtres ou en singes, au front déprimé (1). »

(1) Shakespeare. *La Tempête.* Acte II, sc. II.

S'il y a une loi de la nature qui rejette par intervalle les êtres dans les moules antérieurs, cette loi gouverne aussi le génie humain. La vision de Caliban a été, dans Shakespeare, un retour d'un moment vers le type primitif de l'homme tertiaire, à son apparition sur une terre différente de la nôtre.

Laissons la poésie; revenons à la réalité.

CHAPITRE V.

L'HOMME N'A PU NAITRE DANS UNE ILE. — LOI GÉNÉRALE DE LA SUCCESSION DES FAUNES. — DU RAPPORT DES GRANDS MAMMIFÈRES AVEC LA FORMATION DES CONTINENTS. — MAMMIFÈRES TERTIAIRES. — QUE FAUT-IL EN CONCLURE POUR LES CONTINENTS DE CETTE ÉPOQUE ? — QUELLE EST LA CAUSE DE LA DIMINUTION DE TAILLE DES MAMMIFÈRES D'AMÉRIQUE. — L'HOMME FAIT EXCEPTION. — POURQUOI.

De la constitution des grands mammifères à l'époque tertiaire, nous avons pu, jusqu'à un certain point, déduire la constitution du globe à cette même époque. Ils nous révèlent de grands continents.

Si à cela j'ajoute que plusieurs de ces mammifères étaient alors communs à l'Europe et à l'Amérique, tels que le mastodonte, le mammouth, l'éléphant, le cheval, je suis conduit à penser que l'Amérique et l'Europe étaient jointes entre elles, soit que l'on ait recours à l'Atlantide des légendes (1), soit que l'on cherche ailleurs la communication par le Nord.

Ainsi seulement s'explique le fait si étrange, que de grandes espèces animales ou végétales, qui étaient alors communes aux deux mondes, ont disparu dans l'un pour continuer dans l'autre. Une partie des espèces qui avaient leur souche dans notre continent européen-asiatique se répandaient de là dans les deux Amériques. Réciproquement, plusieurs de celles qui avaient leur souche en Amérique affluaient par la même voie dans notre continent.

Les flores aussi se rapprochaient et convergeaient d'un monde vers l'autre. Les plantes américaines émigraient alors en Europe ; par degrés elles y remplacèrent les plantes insulaires de la zone tropicale et donnèrent à la France, à la Suisse, à l'Allemagne, à l'Angleterre, le type de la végétation de la Virginie, de la Louisiane, des Florides (2).

On peut donc se représenter notre hémisphère, à l'époque tertiaire, comme un seul et immense

(1) Oswald Heer. *Flora tertiaria Helvetiæ*. 1855, p. 347.
(2) *Ibid.*

continent qui, de l'Europe centrale aux sources du Mississipi, aux savanes du Texas, aux pampas de la Plata, au plateau du Mexique, présentait une immense surface au développement et aux migrations des animaux et des végétaux. L'éléphant primitif, le mammouth, le cheval-hipparion, paissaient alors dans les savanes de quelque Atlantide inconnue, d'où ils arrivaient en Amérique. Le nouveau monde qui, en réalité, est plus ancien que le nôtre, nous envoyait en Islande, et en Suisse, ses tulipiers, ses cyprès, ses platanes, ses palmiers-saba; et le même type végétal et animal était empreint sur l'ancien monde et le nouveau.

L'homme est venu assez tôt pour voir encore ces deux mondes n'en former qu'un seul. Il a pu, comme le mammouth son contemporain, et le cheval, passer avec eux d'Europe en Amérique, habiter ce continent atlantique où se dérobent peut-être au fond des mers les secrets que nous cherchons à la face du jour.

Quoi qu'il en soit, le passage d'un monde à l'autre s'est écroulé derrière l'homme ; et soit que l'Atlantide ait été une réalité, et qu'elle se soit lentement engloutie comme le prétendent les géologues, soit plutôt que la communication avec l'Amérique du Nord ait été rompue, quand le Groënland est devenu impraticable aux espèces tropicales, par le refroidissement du cercle polaire, l'homme s'est trouvé séparé de l'homme par l'infranchissable océan Atlantique. Ce qui n'était qu'un continent a formé deux mondes.

Dès lors, la végétation américaine ne pouvant plus émigrer en Europe, s'y ressemer et s'y renouveler, a fini par s'éteindre et faire place à un autre type. Par la même raison, l'éléphant, le cheval, qui n'étaient pas indigènes en Amérique, séparés de la souche mère, ont disparu. Voilà pourquoi on découvre, en Amérique, les ossements fossiles de tant de genres d'animaux dont on ne retrouve plus les analogues vivants, quoiqu'ils aient continué d'exister ailleurs. Si, de nos jours, le cheval d'Orient disparaissait de la terre, si nos races ne se retrempaient plus dans celles du désert et des steppes, il est probable que l'espèce entière des chevaux s'en ressentirait, et ne pouvant plus remonter à sa souche et se régénérer, elle décroîtrait, elle finirait par s'éteindre. C'est ainsi que fait un arbre séparé de ses racines, ou un fleuve de sa source.

On expliquerait de la même manière ce fait si extraordinaire de la petitesse de taille des mammifères américains comparés aux mammifères de l'ancien continent. Pourquoi, à l'exception du buffle, tous les quadrupèdes sont-ils plus petits en Amérique (1), qu'en Asie, en Afrique, en Europe? Ne pourrait-on pas répondre, que, d'après les géologues, le continent sud-américain ne fut d'abord qu'une île oblongue? Après le soulèvement des Andes, une seconde grande île s'ajouta à la première. Dans ces deux périodes, la faune sud-américaine reçut le type insulaire; ce type est celui qui est indigène; il fut dominé par les grands quadrupèdes émigrés d'Europe. Mais, la jonction rompue, les quadrupèdes tertiaires européens, cessant d'émigrer en Amérique, s'y éteignirent, et le type primitif s'y maintint seul, y régna seul dans les descendants indigènes de la faune tertiaire des pampas.

Ce même type insulaire me semble encore empreint, d'une autre manière, dans les habi-

---

(1) Buffon. *Hist. nat.* T. VIII, p. 205. La nature a rapetissé dans le nouveau monde tous les animaux quadrupèdes.

tudes même des mammifères américains. On ne retrouve pas chez eux les instincts cosmopolites, les habitudes de migration qui sont la marque des espaces illimités parcourus, de génération en génération, par les ancêtres. Les plus grands animaux d'Amérique errent dans les pampas, sans quitter les bassins où ils sont nés. On ne trouve, chez eux, rien de semblable aux migrations de ces tigres (1), qui, du Bengale, arrivent, en suivant le fleuve Amour, aux frontières de la Sibérie où ils se rencontrent avec les rennes. Dans le nouveau monde, les quadrupèdes indigènes, moins nomades, moins cosmopolites, semblent avoir été enfermés d'abord dans des bassins, sortes d'îles terrestres, qu'ils n'ont pas la coutume de franchir.

En appliquant les vues exposées précédemment, ne pourrait-on pas ajouter encore que, depuis l'immersion du continent atlantique, ou la rupture de la communication par le Nord, les deux Amériques, presque séparées au centre par un isthme montagneux, dans leur longueur par la vertèbre des Cordillères, divisées par des

---

(1) Charles Lyell. *Principes de géologie*. T. I, p. 223.

fleuves gigantesques, séquestrées de toutes les anciennes terres, se sont trouvées, jusqu'à un certain point, ramenées à la forme et à la constitution insulaire, au milieu des deux océans Atlantique et Pacifique? Quoi d'étonnant, si le type insulaire s'est, dans une certaine mesure, empreint sur les faunes américaines, par la diminution de la taille, par la dégénération des types, par la conservation des marsupiaux, produit et témoin de l'époque jurassique?

Dans cette diminution des grandes espèces, l'homme seul, l'homme moderne fait exception. Pourquoi? Parce qu'il a su, au moyen de son industrie, rester en communication avec le globe entier, substituer ses vaisseaux aux isthmes submergés, réparer, à son profit, les ruines du monde, rester au milieu de deux océans, non pas insulaire, mais cosmopolite, en relation intime d'échange avec tous les continents, y renouveler sans cesse les sources vives des générations, par une immigration constante d'une partie de ce qu'il y a de plus fort, de plus entreprenant dans le genre humain.

Ainsi l'homme a pu grandir et s'accroître en Amérique, tandis que nous voyons la plupart des grandes espèces de mammifères, depuis l'époque tertiaire, n'y avoir plus de représentants ou d'analogues indigènes, les mammouths, les hipparions, disparus sans postérité, ni éléphants, ni chevaux, ni rhinocéros, ni chameaux, ni girafes, ni hippopotames, ni grands singes, et ceux qui ont conservé des analogues, ne présenter que des descendants plus faibles, plus petits, plus rares même, au profit des reptiles qui seuls ont conservé la grandeur, la force, tels que les serpents, les boas, les caïmans, les alligators.

Les deux Amériques confirment donc la vérité de ce qui précède, à savoir, que les grands mammifères sont conformes aux vastes continents, les médiocres aux continents de moindre étendue, les reptiles à la constitution insulaire, et que la vie terrestre réfléchit les changements grands ou petits de la terre ou des eaux.

La suite de mes idées m'a conduit à cette conséquence, que les quadrupèdes mammifères transportés aujourd'hui en Amérique doivent y devenir plus petits. J'avais établi ce fait étrange, comme une suite de mes observations sur les faunes fossiles, sans savoir s'il était réellement confirmé par l'expérience. Je ne doutais pas que les chevaux, les bœufs, les moutons et les autres animaux domestiques, portés en Amérique par les Espagnols ne dussent tôt ou tard perdre de leur taille. C'était un corollaire de mes idées. Mais le fait s'est-il déjà réalisé? Voilà ce que j'ignorais.

Je viens de m'assurer que l'expérience de nos jours confirme le fait qui n'existait pour moi que comme déduction des lois générales auxquelles j'étais parvenu par la comparaison des âges géologiques. La simple confirmation de ce phénomène m'a causé une vive joie. Car n'est-ce pas la confirmation la plus évidente des lois que j'ai cherché à établir?

De chaînons en chaînons, j'étais conduit à ce résultat, qu'un certain phénomène organique que j'ignorais devait exister dans la nature vivante américaine. Ce phénomène existe, en effet, et se montre à mes yeux, comme l'astre dont l'astronome avait d'abord posé l'existence nécessaire par ses calculs, et qui finit par apparaître en réalité au bout de son télescope. Ce jour-là, j'ai réellement goûté la joie de la vérité pressentie et confirmée. Il doit compter pour moi; c'est le 11 octobre 1867.

En vertu des mêmes lois, j'ose affirmer d'avance que tous les quadrupèdes mammifères, portés par les Européens de notre siècle en Australie (1), y subiront une même diminution de taille et de force ; dans un temps déterminé ils tendront à se rapprocher du type insulaire de la faune australienne. L'industrie seule des hommes pourra mettre obstacle à cette diminution de grandeur, à cet affaiblissement du type en Australie, et elle n'y réussira qu'en

(1) En écrivant ces lignes, en 1867, j'étais loin d'espérer que j'en trouverais sitôt la confirmation. Le second volume de sir Ch. Darwin, que je viens d'ouvrir (1868), contient ce qui suit : « Dans les îles Falkland, le cheval décroît très-rapidement de taille. D'après des informations qui m'ont été transmises, il paraît que cela est aussi, jusqu'à un certain point, le cas *chez les moutons, en Australie.*» *De la variation des animaux et des plantes, sous l'action de la domestication,* traduit par Moulinié, t. II, p. 294, 296. Voyez aussi (*Mémoires de l'Institut,* t. VI). Recherches du Dr Roulin, sur quelques changements observés dans les animaux domestiques transportés de l'ancien dans le nouveau continent. L'ampleur des mamelles a presque complétement disparu dans la chèvre américaine, p. 348. Le mouton; il y a quelque diminution dans sa taille, p. 347. Le gros bétail; en certains lieux, il ne pourrait se passer du secours de l'homme, p. 330; le cochon que l'on trouve en ces lieux est petit, rabougri, p. 327. *Sur l'affaiblissement des animaux domestiques en Australie,* voy. Andrew Murray, Mammals, p. 9.

rétablissant la communication avec la faune continentale par de nouvelles importations de races tirées des souches mères de l'ancien continent.

Buffon avait constaté le rapetissement des grands quadrupèdes en Amérique ; mais la raison qu'il en donne est singulière. « C'est, dit-il, que les hommes ont laissé la nature brute et négligé la terre (1) » Tout au contraire, les grands quadrupèdes peuplaient l'Amérique avant la naissance de l'homme, c'est-à-dire avant qu'aucun travail de l'art humain eût pu influer en rien sur la nature américaine.

Il faut donc chercher une autre cause à ce phénomène qui paraît d'abord inconcevable ; et cette cause, je l'ai dite. Elle est dans la rupture des communications avec le reste du globe ; d'où il est résulté que le continent américain, ainsi sequestré, a pris comme la forme de deux grandes presqu'îles à peine jointes entre elles par l'isthme découpé de Panama ; et, autre conséquence, il arrive de là que le type insulaire tend à s'imprimer sur sa faune ; que

---

(1) Buffon. *Hist. nat.* T. VIII, p. 213.

les espèces qui avaient ailleurs leurs souches mères, s'y sont éteintes, faute de pouvoir en être rapprochées ; que, l'espace diminuant, les croisements ont été plus rares, les migrations moins étendues, chaque tribu plus sédentaire ; toutes choses qui sont autant de causes de décroissance et de déclin.

Et ces causes générales n'ont pas influé seulement sur les éléphants et les douze espèces de chevaux miocènes qu'elles ont forcés de disparaître ; elles ont agi sur les anciens genres indigènes d'Amérique, les édentés, tels que le gigantesque mégathérium qui n'a plus que des analogues nains dans les familles vivantes des paresseux et des tatous.

C'est donc bien une cause générale qui fait, pour ainsi dire, rétrograder lentement et insensiblement la faune américaine vers les confins de la faune jurassique, en même temps que le continent américain s'est rapproché, dans ses formes, de celles du globe à l'époque de la mer jurassique et crétacée. Voilà pourquoi, tandis que les quadrupèdes terrestres tendent à s'y rapetisser par degrés, à y perdre leur force, leur laine, leur lait, au contraire, les reptiles et les insectes tendent à s'y maintenir dans leur grandeur qui rappelle l'époque secondaire, où les reptiles étaient les rois d'un monde insulaire.

Jamais grand mammifère n'eut sa patrie originaire dans une île. Si vous en rencontrez dans quelque archipel, soyez certains qu'ils y ont été apportés, ou que cet archipel a fait autrefois partie d'un continent. Les grands éléphants qui se trouvent à Ceylan, n'y ont certainement pas eu leur origine. J'en dirai autant de Java, de Bornéo, de Sumatra. La géologie donne peu de notions sur ces îles. Mais il suffit de savoir qu'elles sont peuplées de singes anthropoïdes, d'éléphants, pour affirmer d'avance ou que ces mammifères y ont été apportés des continents, ou qu'elles en faisaient partie à une époque récente. Les chiens sauvages que l'on trouve en Australie sont appelés chiens marrons, parce qu'ils sont issus des races domestiques introduites par les hommes. Dans l'île de Corse, les cerfs sont réduits à la moitié de la taille des cerfs du continent.

Cook apportant dans la Polynésie des chevaux, des chèvres, les naturels demandaient : quels oiseaux c'étaient là?

Quand on cherche la patrie originaire des grands mammifères domestiques, on est toujours ramené (1) à quelque partie du grand continent, Europe, Afrique, Asie; à la Tartarie pour le cheval, à l'Arabie pour le chameau, à l'Inde pour le bœuf. Toutes ces grandes espèces sont continentales. Si on les a trouvées dans l'archipel indien, c'est qu'il est voisin de la terre ferme et qu'elles ont pu y arriver. Car on n'en voit aucun vestige dans les îles lointaines où la communication était impraticable. Madère et les îles Canaries sont déjà trop éloignées. Elles n'ont pu se peupler que d'oiseaux et de chauves-souris.

Quant à l'homme, c'est s'abuser entièrement de croire qu'il a commencé par apparaître dans une île. Ce fut là, au contraire, le dernier de ses séjours. Il avait besoin de la terre ferme tout entière pour y prendre ses racines profondes et s'y développer. La tempête le jeta plus tard sur les îles désertes. Mais, alors, il s'était déjà mesuré avec toute la nature vivante. Il

---

(1) Isidore Geoffroy Saint-Hilaire. *Histoire naturelle générale des règnes organiques*, T. III, liv. II, ch. IX. Origines des animaux domestiques.

était tout ce qu'il pouvait être de corps, sinon d'esprit. Lorsqu'il fut emprisonné au loin, et perdu dans le monde des îles, il parut redevenir enfant. Tel il fut retrouvé par Cook dans l'Océanie.

CHAPITRE VI.

L'HOMME ET LES GRANDS VERTÉBRÉS DE LA FAUNE QUATERNAIRE. — LA RÉPONSE A UNE QUESTION DU XVIII° SIÈCLE. — PREMIÈRE LUTTE DE L'HOMME ET DES CARNASSIERS. — PSYCHOLOGIE DE L'HOMME QUATERNAIRE. — PREMIÈRE FORMATION DES SOCIÉTÉS. — POURQUOI L'ENFANCE DE L'ESPÈCE HUMAINE A ÉTÉ PROLONGÉE SI LONGTEMPS.

Il semble que les gigantesques carnassiers, les indomptables mammifères pachydermes de l'époque quaternaire (1), auraient dû anéantir, dès l'origine, un être aussi faible que l'homme. Je crois, au contraire, apercevoir que cette disproportion entre les forces des uns et celles de l'autre dut servir à la première formation des sociétés humaines.

Comment, en effet, un homme isolé, errant

(1) A. D'Archiac. *Paléontologie stratigraphique. Leçons sur la faune quaternaire*, p. 106.

à l'aventure, eût-il tenu tête à l'ours ou au lion de caverne? Comment eût-il fait tomber le mammouth dans ses piéges? Il dut nécessairement chercher à compenser la force par le nombre et par l'adresse, c'est-à-dire, se chercher des compagnons, former avec eux une première alliance, peut-être même se donner déjà un chef, sinon un maître; en sorte que ce qui semblait devoir étouffer l'humanité dans son germe, contribua à la faire naître.

C'est la meilleure réponse à cette question, posée tant de fois par le xviiie siècle : « En quoi l'homme des premiers temps avait-il besoin de ses semblables (1)? »

Il en avait besoin pour ne pas devenir la proie des êtres plus puissants que lui et mieux armés qui l'environnaient; il en avait besoin pour tuer le Rhinoceros tichorhinus, l'Hyæna spelæa, le grand chat à la dent en forme de glaive, le bœuf (latifrons), plus grand de beaucoup que le bison actuel, le cerf gigantesque; et, après en avoir fait sa proie, il lui fallait encore l'aide de son semblable, pour traîner ces vastes cadavres dans

(1) J.-J. Rousseau. *Discours sur l'inégalité des conditions.*

son antre, et pour les dévorer jusqu'à la moelle.

Entre ces colosses vertébrés antédiluviens et l'homme s'établit une longue lutte qui remplit toute une époque, dont le souvenir ne survit que dans les mythologies. Les Hercule, les Thésée qui purgeaient la terre de monstres, que sont-ils? Les exterminateurs des carnassiers, des ruminants et des pachydermes gigantesques de la faune quaternaire.

Dans ce passé si lointain, une chose est hors de doute. L'homme a vu, au milieu de la faune quaternaire, un éléphant plus grand, un rhinocéros plus massif, un ours plus énorme, un lion plus terrible, un cheval plus élevé et plus rapide, un taureau plus robuste, un cerf plus élancé, au bois plus plantureux.

S'il eût atteint les pampas d'Amérique, il eût rencontré des colosses édentés, le mégathérium à l'épaisse cuirasse; s'il eût abordé les îles Maurice, la Nouvelle-Zélande et Madagascar, il eût trouvé des oiseaux coureurs, sans ailes, aux pieds comparables à ceux de l'éléphant. Le dronte, disparu dans le dernier siècle, le dinornis, l'æpyornis, hauts de plus de trois mètres, l'eussent dominé de la moitié du corps.

Il était nu, et tout était armé autour de lui. Quelle misère au milieu de ces géants de tant d'espèces, velus ou emplumés! L'homme finit par manger le rhinocéros, le cheval. Mais, que de temps avant d'en arriver là! Je ne vois pas qu'il ait dévoré l'ours de caverne dont il a pourtant taillé les os. Il mangeait ses maîtres quand il pouvait les tuer, sinon il les adorait. Et pouvait-il mieux faire que les prendre pour ses guides ou pour ses dieux? L'Égypte, avec ses dieux à face de carnassiers, est le dernier anneau de cette chaîne quaternaire.

Avec des maîtres si puissants, est-il étonnant que l'enfance de l'espèce humaine ait duré si longtemps? Il était en général plus faible qu'aujourd'hui et les animaux qui l'entouraient incomparablement plus forts. Tant que l'ours de caverne, le Felis spelæa, l'Elephas primigenius, le rhinocéros aux narines cloisonnées conservèrent leur grandeur et leur force, l'homme se sentit égaré en face de cette faune gigantesque.

Comment résister à ce lion, à ce tigre, à cette hyène, tous plus grands d'un sixième que leurs congénères actuels? Comment dompter le bos primigenius, apprivoiser le mammouth? Comment mettre le frein au cheval *adamitique*, que sa force, sa vitesse, sa haute taille défendaient contre la domination de l'homme? Il y eut là une époque d'une durée incalculable, où tout ce que l'homme put faire, fut de vivre, sans rien entreprendre contre des espèces gigantesques, content de se dérober avec les petits et les faibles, et de se perdre dans la foule.

Personne ne s'est demandé ce que dut tenter l'homme en face des animaux géants de l'époque quaternaire, quelle impression il en reçut, s'il osa d'abord se mesurer avec eux, s'il n'attendit pas pour les attaquer l'époque de leur décadence, c'est-à-dire, celle où ils commencèrent à diminuer de nombre avant de se retirer du milieu de la nature vivante, comment il s'apperçut de ce déclin, et sut en profiter. Car il est probable qu'alors, comme aujourd'hui, il ne se mesura avec les puissants que lorsque leur règne fut ébranlé.

C'est le moment où il se joignit à la nature pour les achever. Il l'aida à se défaire des formidables ours et lions de caverne, sitôt qu'il les vit condamnés par les choses et que la terre leur manqua. Il joignit alors sa force, ses armes, ses flèches, sa hache à la puissance du climat, aux influences du sol, aux traits invisibles qui frappaient de toutes parts les espèces destinées à périr. Et sans doute, dans cette destruction, il se fit déjà une gloire tout humaine de ce qui était la victoire de la nature vivante tout entière sur un monde vieilli et condamné par elle. Hercule se vanta d'avoir tué le lion de la caverne de Némée, Felis spelæa, quand la race en fut proscrite par l'univers entier.

Quelles sont l'époque et la cause principale de la disparition des espèces gigantesques? La cause qui les produit m'explique aussi leur déclin.

Tant que l'Amérique fut liée à l'Europe, la grandeur des mammifères répondit à la grandeur des continents; le contraire arriva lorsque la séparation fut accomplie entre l'ancien monde et le nouveau. Des terres moins vastes nourrirent de moins grands quadrupèdes.

Peu à peu les colosses de la première époque quaternaire cessèrent de se montrer; et la nature vint ainsi au secours de la faiblesse de l'homme, en le débarrassant, non de ses rivaux, mais de ses maîtres, je veux dire des carnassiers et des herbivores gigantesques qui l'opprimaient de la disproportion de leurs forces avec la sienne.

Combien ce premier état d'infériorité, de sujétion ne dut-il pas laisser de traces dans son esprit infirme ! Les géants eurent beau disparaître; il les vit en pensée ; il crut les revoir en réailté, longtemps après qu'ils eurent cessé d'exister. Premier fond d'une partie de sa mythologie.

CHAPITRE VII.

PSYCHOLOGIE DE L'HOMME FOSSILE. — COMMENT L'ESPRIT INTÉRIEUR A MODELÉ LES CRANES.

Qui nous dira quelle est la puissance d'un embryon de pensée tombée dans un cerveau, comment en s'obstinant elle en soulève peu à peu les voûtes, comment elle élargit les tempes, développe les lobes, augmente la masse et la capacité crânienne?

Certainement, le crâne d'Homère était tout autre avant ou après l'Iliade ; ce n'est pas en vain que tant de dieux y avaient séjourné si longtemps ; chacun d'eux avait creusé à son image, à sa mesure la tête du poëte.

Nous formons, nous accroissons nous-mêmes notre cerveau par le travail obstiné de l'esprit. Dans les temps primitifs, toute idée entrée dans l'esprit de l'homme troglodyte a travaillé, agi de même. Elle était grossière, dites-vous. Qu'importe? Elle travaillait intérieurement les crânes que nous trouvons aujourd'hui fossiles dans les cavernes. En découvrant les têtes des hommes de caverne, ce n'est pas assez de les mesurer, de les distinguer en têtes allongées et têtes rondes, dolichocéphales ou brachycéphales; il faudrait encore se demander quel esprit a habité sous ces tempes encore grossières et déprimées ; quelle idée a donné intérieurement sa forme à ces têtes humaines. Ici les questions et les réponses de Hamlet reviendraient dans le cimetière antédiluvien.

Toi ! tu as été chasseur de mammifères éteints; tu n'as songé qu'à la proie, et tes descendants t'ont imité !

Toi ! tu as été pasteur ; la prévoyance a déjà commencé à te modeler au dedans une tête plus humaine.

Là, je vois poindre une lueur d'idée divine, germe de ta grandeur future; le fétiche, en croissant, s'est fait un temple de ton crâne. Il surmonte déjà, non pas seulement celui de Néanderthal, mais encore celui de l'Australien actuel.

Ainsi, je suivrais le travail de l'esprit à mesure qu'il a façonné sa demeure dans les crânes humains. Une collection de ces têtes de morts étagées dans nos muséums, ne serait plus chose morte. On y surprendrait l'éveil de l'intelligence, l'avénement des pensées, qui, en persistant, sont devenues le génie et le destin d'une race.

Dans le crâne surbaissé de Néanderthal, je verrais apparaître les premières conceptions grossières de l'esprit de l'homme : embûches tendues aux espèces gigantesques, émulation avec l'Elephas antiquus, et peut-être avec le dinothérium, première association pour combattre et saisir la proie. Dans le crâne plus élevé d'Engis, je trouverais, derrière ce front bosselé, un petit monde d'idées déjà plus hautes : première lueur entrevue d'une société durable, premier instinct d'art du dessin, pressentiment d'un dieu naissant, crainte et stupeur du fétiche.

L'étude des crânes humains ne se bornerait pas à la question des races. Dans chacun de ces crânes vides, je chercherais surtout l'hôte intérieur qui l'a habité. En chacune de ces têtes de mort, je voudrais retrouver la pensée du vivant. Psychologie du monde quaternaire.

CHAPITRE VIII.

LE RÈGNE HUMAIN. — EMBARRAS DU NATURALISTE A L'APPARITION DE L'HOMME. — CARACTÈRE ESSENTIEL OUBLIÉ DANS LES DÉFINITIONS DE L'HOMME. — A QUEL RANG LE PLACER. — LA LOCOMOTION DANS LE TEMPS. — UNE IMPERFECTION DE LA SCIENCE. — COMMENT L'HOMME RÉSUME EN LUI LES ÉPOQUES DE LA NATURE VIVANTE.

L'embarras des plus grands naturalistes est visible quand ils touchent à l'homme. Ils ne savent que faire de lui. Où le rangeront-ils? avec le troglodyte, ou le siamang, ou le gorille? c'est une discussion d'où ils ne peuvent sortir.

Ils vont, ils viennent, ils avancent, ils reculent, ils effacent, ils recommencent perpétuellement la même classification, sans pouvoir se satisfaire. Ce qu'ils viennent d'établir, ils le renversent. Surtout, ils disputent, ils hésitent, eux si sûrs d'eux-mêmes en tout autre sujet.

Et pourquoi ce trouble, cette visible confusion, précisément à l'occasion de l'homme? pourquoi est-ce lui, et seulement lui, qui devient un sujet d'incertitude, une cause de désordre dans une science si bien faite jusque-là et qui jouissait en paix de sa clarté, de sa méthode, de toutes ses évidences (1)? Avant l'homme, l'histoire naturelle marchait régulièrement de certitude en certitude. L'homme paraît. Cette science si sage se trouble, elle devient un chaos.

Pourquoi? Parce que, dans tous les règnes de la nature, les naturalistes prennent les faits, les êtres dans leur entier, sans les mutiler arbitrairement, et qu'ils ne prennent qu'une moitié mutilée de l'homme, qui n'a qu'une demi-réalité, une demi-existence; ce qui fausse les vues des meilleurs. Les naturalistes observent, décrivent, dans toutes ses parties, le mollusque, le reptile, le mammifère. A chacun d'eux, ils tiennent compte de tout ce qui le compose. Ils ne séparent pas le mollusque de sa coquille, le bryozoaire de sa cellule, le polype de son banc

---

(1) V. Isidore Geoffroy Saint-Hilaire. *Histoire naturelle générale des règnes organiques principalement étudiée chez l'homme et chez les animaux*, T. II, p. 257.

de corail, l'insecte de ses métamorphoses, le papillon de sa chrysalide, l'abeille de sa ruche, l'araignée de sa toile, l'oiseau de son nid, le castor de ses digues et de ses cabanes. Dans leurs définitions et leurs descriptions, ils font entrer non-seulement l'animal, mais ses travaux, ses œuvres, ses constructions, ses mœurs.

Pourquoi changent-ils de méthode, dès qu'ils en viennent à l'homme? pourquoi le séparent-ils arbitrairement du monde qui l'enveloppe et qu'il porte avec lui : œuvres de tous genres, langues, religions, sociétés, arts, qui sont sa coquille, sa cellule, son test ou son nid? Au lieu de cela, ils me montrent un être nu d'esprit comme de corps; et ils me disent : voilà l'homme.

Non, ce n'est pas l'homme, le genre *Homo* que je connais. Ce que vous me montrez est une abstraction qui n'appartient à aucun lieu, à aucun temps. Conception tronquée, la nature ne la connaît pas. Et le caractère qui distingue l'homme de tous les êtres organisés, est précisément celui que vous oubliez dans la définition et la description de l'homme. Vous ne savez même quel nom lui donner. Tel que les naturalistes le font, ce n'est pas un être de la nature, c'est un monstre, pis que cela, une chimère.

Linné changeait sa définition à chaque édition de son *Systema naturæ*. Je ne m'en étonne pas. A peine écrite, il devait la trouver insoutenable. Voyez de même Buffon, Cuvier. Parmi tous les caractères qu'ils donnent à l'homme, le principal, celui qui fait son essence, celui qui le distingue à travers tous les règnes, est précisément celui qui manque toujours.

Quel est donc ce caractère essentiel, incontestable, qui s'est dérobé à ces puissants génies? Cherchons-le, quoiqu'il frappe par l'évidence. C'est l'intelligence, direz-vous. — Non, elle se trouve dans les animaux. — L'instinct social? Pas davantage. Les insectes le possèdent. Cherchons encore. Qu'est-ce qui se trouve dans l'homme, et ne se trouve, à aucun degré, dans le reste de la nature vivante? En l'énonçant, je dirai une chose très-simple.

C'est d'être un monde historique, c'est de se métamorphoser avec le temps, non-seulement quant à l'individu mais aussi quant à l'espèce; c'est de s'accroître de génération en génération; c'est de sécréter autour de soi une enveloppe sociale, historique, architecturale, un monde de traditions successives; en un mot, c'est d'avoir lui seul une histoire qui s'augmente, s'alimente de lui-même, quand, pour tous les êtres organisés, il n'y a, il ne peut y avoir qu'une description. Voilà l'homme et son règne en face de tous les autres règnes de la nature. *Alius in alio tempore, linguam, genus vivendi, mores, artes mutat. Solus historiam occupat et implet.* Voilà les traits que je cherchais, ils ne sont point dans Linné; ils sont partout écrits dans la nature humaine.

Si les caractères essentiels qui font l'homme, à vrai dire, avaient été inscrits, à l'origine, dans la définition du genre *Homo,* Linné et ceux qui l'ont suivi n'auraient pas fait de l'orang-outang un Homo sylvaticus, du gibbon un Homo lar. Ils auraient réservé le genre Homo pour l'homme; la porte aurait été fermée à cette confusion des genres où cette noble science, l'histoire naturelle, flotte encore aujourd'hui, sans trouver sa véritable issue.

Quoi! vous distinguez le mollusque du mollusque, le brachiopode du brachiopode; et vous ne trouvez, dites-vous, aucun caractère essen-

tiel pour distinguer l'homme du quadrumane !
Quelle preuve plus évidente qu'il y a ici une
erreur de calcul ! Entre le gorille et l'homme, il
n'y a pas seulement une différence de dimension dans le cerveau, le pouce oui ou non opposable ; il y a entre eux toute l'épaisseur de l'histoire ; et cette différence va toujours croissant
de siècle en siècle.

Les orangs-outangs, les siamangs, les gorilles,
font aujourd'hui exactement ce qu'ils faisaient,
il y a cent mille ans, ni plus ni moins. Ils sentent, ils agissent comme ils sentaient, agissaient
dès le commencement. Au contraire l'homme
d'aujourd'hui qu'a-t-il de commun avec le premier homme ? Tout un monde, je veux dire tout
un test historique les sépare.

Mais, ajoutez-vous, les œuvres de l'homme ne
regardent pas le naturaliste.

Quoi ! les mœurs, les industries, les constructions des vertébrés ou des invertébrés ne vous
regardent pas ? Que ne dites-vous aussi que dans
la vie de l'abeille il ne peut être question de son
industrie, de son art, de ses travaux, de son
miel, et que tout cela n'intéresse que les poëtes
et les assembleurs de songes ?

La moindre différence dans l'aile ou la trompe d'un insecte, dans la dentelure de la coquille d'un mollusque, dans les rayons d'un astéride, dans les dessins d'un bryozoaire, suffisent pour que vous établissiez des différences de genres, de sous-genres à l'infini ; et cette différence d'être capable ou incapable de se faire une enveloppe historique, qui va toujours croissant à chaque siècle, ne serait comptée pour rien dans le genre des Primates ! Comment concevoir rien de plus anti-scientifique? C'est la méthode naturelle qui se ruine ici par sa base.

L'homme n'est pas un sous-ordre.

L'homme n'est-il qu'une famille de plus dans l'ordre des Primates? Non. Il forme à lui seul un ordre ou plutôt le règne humain. Voilà ce que plusieurs concèdent. Mais ce règne, en quoi consiste-t-il? C'est ce que je cherche vainement dans Buffon, Linné, Cuvier et les naturalistes de nos jours. Ils ne peuvent sortir de la confusion, parce qu'ils ne voient pas où est réellement le règne humain.

Ce désordre ne cessera que si on donne à ce règne humain son vrai caractère scientifique, qui est, encore une fois, d'être un monde traditionnel, historique, génération perpétuelle de formes nouvelles, sans changer d'espèce. Rien de plus simple que cette idée. Comment donc a-t-elle échappé à de si grands et de si lumineux esprits ? par sa simplicité même. Les esprits n'étaient pas tournés vers l'histoire ; ils plongeaient encore dans le xviiie siècle qui n'avait point de sens pour l'observation de cette partie de la nature.

Suivons encore cette idée. Tous les autres êtres sont, pour ainsi dire, immobiles et fixés dans le temps, puisqu'ils sont toujours au même point de la durée, faisant exactement le lendemain ce qu'ils ont fait la veille, en sorte qu'ils ressemblent à l'aiguille arrêtée d'une montre qui marque toujours la même heure. L'homme seul a la faculté de se mouvoir, non-seulement dans l'espace, mais dans le temps (1).

Or cette puissance de locomotion, à travers les époques, voilà un trait qui n'appartient qu'à lui et le sépare profondément du reste de la na-

---

(1) Ici je reviens à mon premier point de départ d'il y a quarante ans. Voyez l'Introduction à la philosophie de l'histoire de l'humanité, et ma réfutation de Herder dans mes œuvres complètes, T. II, p. 345 à 438. 1827.

ture vivante; c'est justement le trait dont les naturalistes ne parlent jamais. Il y a donc là tout un ordre d'idées à sonder, à produire, ou plutôt tout un règne à déterminer en face des autres règnes. C'est ce que j'entreprends de faire dans les livres suivants.

L'animal n'a pas d'organe de mouvement pour la locomotion dans le temps. Il est, à cet égard, comme le mollusque, fixé au rocher. L'homme seul a ces organes. Vous ne les voyez pas, dites-vous. Et qu'importe si vous en voyez l'effet? La méthode naturelle niera-t-elle l'effet parce qu'elle ne voit pas la cause? Ce serait renverser la science même.

Il ne suffit pas de dire : l'homme sent et réfléchit. Ajoutez : l'homme se meut dans le temps, de générations en générations.

Êtes-vous bien sûr que l'animal ne pense pas? Nullement. Vous savez seulement qu'il fait aujourd'hui ce qu'il faisait du temps des Pharaons, c'est-à-dire qu'il n'est pas doué de la puissance de locomotion dans le temps. Attachez-vous à ce trait distinctif. Tirez de ce principe ce qu'il renferme, les conséquences sont innombrables, elles vont à l'infini.

Ne réduisez pas la description de l'homme à celle de l'homme sauvage, c'est s'arrêter à son enfance. Voyez-le dans son adolescence, dans son âge mûr, dans toute la série de son développement. C'est là seulement qu'est le règne humain. Cette vie qui date d'un millier de siècles, compose l'article Homme. Ne le séparez pas, ne le dépouillez pas de son monde historique. Sinon vous n'avez qu'un être mutilé, le mollusque sans sa coquille, le tatou sans son test, le crustacé sans son armure, la tortue sans sa carapace.

L'homme, c'est le genre humain, tel qu'il se développe depuis son origine. Faire abstraction de la vie de l'humanité, c'est se former un être qui n'existe pas, c'est faire entrer dans les classifications de l'histoire naturelle une espèce qui n'existe pas dans la nature.

Prenez l'homme tout entier, vie, histoire, ou laissez-le.

Cet être avorté, mutilé, tel que les naturalistes l'ont fait, n'a pu les éclairer en rien sur les lois générales des êtres organisés. Essayons de le conserver tout entier et voyons ce qu'il a à nous apprendre sur la nature vivante.

On peut dire qu'aucune application de ce genre d'idées n'a encore été faite aux sciences naturelles. On a pris une fraction d'homme, et il n'a pu en résulter rien de fécond. Prenons l'homme tout entier, le véritable genre *Homo,* et voyons ce qu'il peut nous apprendre sur les lois de la vie.

« Le caractère du règne humain, dit-on, ne serait pas en harmonie avec le reste du système de la nature (1). » C'est là précisément ce qui est en question. Je veux montrer, au contraire, combien cette harmonie est grande dès qu'on pénètre au delà des surfaces. Cherchons le règne humain là où il est réellement, dans un ordre historique.

L'homme, dites-vous, est le couronnement de la nature. — Oui. Mais pourquoi? — Parce qu'il la résume. — Je le veux bien. J'insiste cependant, et je demande pourquoi il la résume. C'est ce qui n'a pas encore été exposé clairement. On avait le sentiment confus que l'homme est un petit monde qui représente le

---

(1) Cfr. Isidore Geoffroy Saint-Hilaire. *Hist. nat. génér.* T. II, p. 258.

tout. Aujourd'hui seulement nous pouvons en dire la raison.

L'homme résume la nature, parce que cette vie universelle qui se succède de genres en genres, d'espèces en espèces, de cataclysmes en cataclysmes se continue en lui et y devient histoire. Il y a une histoire de la nature en général, époques de création et de destruction, espèces qui paraissent et disparaissent, mondes organisés qui se remplacent l'un l'autre ; dynasties de mollusques ou de reptiles qui règnent pendant des myriades de siècles et s'évanouissent. Ces vicissitudes ne sont représentées nulle part dans aucune espèce vivante. Un lion est pareil à un lion, un épervier à un épervier. Ni l'un ni l'autre ne réfléchit dans son espèce les vicissitudes des règnes organisés.

Si l'homme n'existait pas, aucun être ne résumerait en lui, d'une manière visible, les annales englouties sous les couches du globe, ni cette puissance de changement, de renouvellement qui lie les époques aux époques. Car chaque être est immuable dans son espèce, ou du moins, s'il varie, ses variations nous sont à peine sensibles. L'homme seul est changement, tradition, renouvellement, histoire, comme la nature prise dans son ensemble.

Expliquons-nous. Je ne serais pas embarrassé de retrouver, dans l'homme, ses époques diverses, siluriennes, permiennes, jurassiques, crétacées, éocènes, c'est-à-dire ses temps de stagnation, de tempêtes, d'explosion, ses soulèvements et ses chutes, ses sommeils séculaires, puis ses éruptions subites, ses infiniment petits et ses géants.

Qui chercherait bien trouverait encore, sans doute, les époques où l'aile lui pousse, celle où il prend son vol, celle où il se rabat sur terre, où ses puissances s'atrophient pour renaître. Tout cela est en lui, reparaît en lui. Il a aussi ses longues nuits, ses demi-lueurs éocènes, puis ses aurores grandissantes, plénières, qui annoncent le grand jour. Pourquoi ? Je viens de le dire. Parce qu'il est histoire, comme la nature elle-même. Arrêtons-nous à cette conclusion.

La critique peut faire à Pline l'Ancien tous les reproches. Il n'observe pas, il ne juge pas, il compile. Avec cela, avouez que le plan qu'il a conçu est magnifique ; seul, il a fait entrer l'histoire des industries, des arts, dans l'histoire physique de l'homme; il donne ainsi à la nature entière la majesté romaine.

Souvent je surprends chez lui l'âme de Tacite. Quel esprit noir, désolé ! il va même plus loin que l'auteur des *Annales;* car il n'espère rien ni de son temps ni de l'avenir. Jamais la condition humaine n'a été ravalée si bas.

Pline croit l'homme condamné, dès l'origine, par la nature même. Quelle amertume ! quel dégoût des choses humaines et divines ! N'est-ce pas la philosophie du suicide ou plutôt du césarisme ?

Oui, l'athéisme de Pline est un athéisme de désespoir : s'il y avait des dieux laisseraient-ils la terre sous le joug des Nérons ? Il n'y a donc point de dieux, point de justice, point de conscience, point d'espérance. Tel est le cri qui part des choses et de tout le monde contemporain ; on l'entendra à chacune des époques qui ressembleront à celle des Césars.

Voudriez-vous que ce cri, qui était celui des choses, manquât au naturaliste romain ? C'est ce qui lui donne son caractère, sa date, sa vertu. Tous les êtres heureux, l'homme seul maudit ;

son berceau, une torture; sa naissance, une proscription; un animal pleureur (1) qui doit commander aux autres : à ces traits, reconnaissez l'ombre des douze Césars dans un esprit sublime (2).

(1) Animal flens aliis imperaturum.
(2) L'esprit sublime de Pline, dit Buffon.

CHAPITRE IX.

MORT D'UNE RACE HUMAINE. — EFFETS D'UN BRUSQUE PASSAGE
D'UN AGE DU MONDE A UN AUTRE AGE DANS LA MÊME RACE.

N'objectez pas que les sauvages sont immuables. Vous seriez dupes de l'apparence. Les sauvages changent incessamment de langues, et c'est peut-être là ce qu'il y a de plus intime dans l'homme. Ils changent de vêtements, d'armes ; ils passent de la pierre au cuivre, au fer, de l'arc au fusil, ils deviennent même agriculteurs.

Que serait-ce si l'on pouvait suivre les révolutions de leurs croyances, de leurs légendes, les intonations de leurs chants, les déclins de leurs traditions?

En ce moment, toute une race, l'océanienne, périt sous nos yeux et nous n'en cherchons pas même la cause. Celui qui irait au fond verrait probablement quelque grande révolution intérieure dans l'esprit de cette race. Nostalgie de tout un monde, auquel nous ne prenons pas garde. C'est peut-être le spectacle le plus douloureux de notre temps et le témoignage le plus certain de notre apathie morale.

Une race d'hommes, éparse sur une immense étendue du globe, et dont il ne restera plus personne dans quelques années (1), n'est-ce donc rien! et cela ne vaut-il pas la peine de nous émouvoir? L'intérêt scientifique devrait au moins attirer notre attention de ce côté; nous verrions là un des secrets les plus cachés de la nature, pourquoi et comment certaines espèces disparaissent à certaines époques du monde.

Non, ce n'est pas seulement la phthisie qui fait tomber la race océanienne dans cette langueur mortelle et lui ôte le cœur, au même moment, dans une si prodigieuse multitude d'îles. Je pense que la distance est trop grande de ces peuples enfants à notre monde adulte qui les investit de tous côtés. Il s'est fait autour d'eux

---

(1) V. A. de Quatrefages, *Sur les races humaines*.

une atmosphère morale dans laquelle ils ne peuvent respirer. Aucune de nos pensées actuelles ne s'adapte à leurs pensées. Ils ont le mal du pays au milieu de leur pays.

Le mal est plus puissant encore dans les archipels de petites îles où ils n'ont aucun moyen d'échapper à notre vue, à nos mœurs, à notre domination.

Ne comprenons-nous pas comment l'homme se dégoûte de vivre, quand il sent que tout lui devient hostile et qu'il n'a plus aucune résistance à opposer? Ne savez-vous pas ce que c'est que l'exil? Ne savez-vous pas qu'il abrége la vie humaine, que les femmes y deviennent stériles, que les mariages y sont inféconds, que les populations y tarissent sans cause apparente? Ah! que je comprends, il me semble, le vrai mal de ces Océaniens et combien il est sans remède!

Ils sont maintenant des exilés dans leurs petites îles depuis qu'entre chaque chose et eux, s'interpose un étranger, un maître. Et quel étranger? Séparé d'eux par toute l'échelle des civilisations antérieures; descendu, au milieu d'eux, comme d'une autre planète... Que faire dans une inégalité si profonde? perdre l'espérance et avec elle le désir de vivre; s'asseoir au bord des atolls, aspirer l'air tiède et mourir.

Si encore il y avait un moyen de se dérober, dans un endroit inconnu, inaccessible! on y porterait son fétiche et sa calebasse. Mais non, l'île est étroite; elle est basse, elle s'ouvre partout à l'étranger. Essayera-t-on d'en sortir, sur la pirogue, pour aborder un autre îlot? Celui-là est déjà occupé et de la même manière. Sur l'immense océan, il n'y a plus un rocher, un abri, un point pour l'Océanien; il le sait, pourquoi tenterait-il de chercher ce qui n'existe plus? Sa race entière, partout éparpillée en petits groupes, est partout investie et étouffée, comme lui, par un souffle étranger.

Qu'est-il besoin, pour expliquer la disparition de cette race, de tant de maladies nouvelles qui ne laissent subsister que ceux qui les ont apportées? Une seule suffit : le défaut d'espérance, la mort de l'âme.

Moi aussi, en jetant les yeux sur la terre entière, si je ne voyais plus un seul point où je pusse placer une espérance, un seul îlot où je pusse aborder sans y trouver mon maître, une seule chance de salut pour ma pensée, un seul élément de vie pour y respirer, un seul pic de rocher pour y être moi-même, je ferais comme l'Océanien. Je m'assiérais sur la rive et je me laisserais mourir.

Cette disparition de la race océanienne s'accomplit, non d'un seul coup, par l'effet d'une catastrophe, mais lentement, sans bruit, et cela aussi explique ce qui est arrivé pour la plupart des espèces éteintes.

Voilà le mal. Quel remède, dira-t-on, à ce mal sourd, invisible, que l'on ne sait comment nommer? Il n'y en a qu'un seul, et il est impossible.

Rendez, si vous le pouvez, aux Polynésiens ce qu'ils ont perdu, leur Océan solitaire tel qu'il était avant votre arrivée, et par là, le sentiment de l'ancienne sécurité. Rendez-leur la nature vierge qui faisait de leurs îles autant d'oasis dans un désert d'eau. Alors ils se retrouveront conformes au monde environnant, ils pourront survivre.

Mais le changement d'état a été trop brusque, trop inopiné. Les vaisseaux qui ont surgi tout à coup, du fond des eaux, voiles déployées, gonflées de l'esprit moderne, ont apporté, sans transition, une autre température civile, morale, sociale, un autre âge du monde.

Les peuples de l'Océanie passent, en un jour, de l'âge de pierre à notre âge d'argent, hier enfants, aujourd'hui vieillards. Comment ne périraient-ils pas, dans ce passage subit d'un extrême de la civilisation à l'autre? l'intervalle est trop grand pour ces constitutions molles.

Si l'on ne peut rendre l'Océan aux Océaniens, on pourrait leur assigner quelques archipels d'où les Européens n'approcheraient pas.

Pour sauver la race des bisons, on a consenti à leur laisser en propre les retraites les plus profondes de certaines forêts de Lithuanie où il n'est permis à personne de troubler leur solitude. Ce qui a été fait pour le bison, ne pourrait-il être fait pour une race humaine, si l'on voulait en conserver la souche ?

Ce moyen serait le seul capable, non de la perpétuer, mais de la sauver pour un temps. Car, outre la difficulté de faire respecter leur solitude, on aurait beau la leur rendre, ils ne croiraient pas la posséder. Ils sentiraient toujours qu'ils peuvent la perdre de nouveau. Eux-mêmes la corrompraient par les besoins artificiels qu'ils ont appris à connaître et auxquels ils seraient incapables de satisfaire. La moindre voile qui paraîtrait à l'horizon leur rappellerait qu'ils ont perdu, sans retour, la possession de la mer et de la terre ; ils retomberaient dans l'angoisse. Et comment cette attente, cette anxiété perpétuelle, en se communiquant de père en fils, de génération en génération, ne produiraient-elles pas une existence haletante, et, à la longue, une sorte de suffocation, d'où l'impossibilité de vivre ?

La même raison qui fait, comme on l'a vu plus haut, que l'homme n'a pu avoir son origine dans les îles, fait aussi que les îles sont impropres à conserver les anciennes races humaines, à moins qu'elles n'y soient maîtresses de la mer.

Les races qui ont pu être submergées par d'autres races sans périr, occupaient de grandes contrées. Là elles pouvaient se dérober au loin, en des lieux inaccessibles, les Kabyles dans l'Atlas, les Circassiens dans le Caucase, les Roumains dans les Carpathes, les Peaux-Rouges dans les forêts du nouveau monde, les Araucans aux flancs des

Cordillères. Ces peuplades trouvaient, dans les terres étendues, des lieux qui n'appartenaient qu'à elles, au moins des grottes, des antres où elles échappaient au regard de l'envahisseur, et se maintenaient dans leur vigueur originelle.

Mais le caractère insulaire de l'Océanie ôte tout moyen de refuge. La race autochthone ne peut se recueillir nulle part. Ses atolls circulaires ne la défendent pas. Des langues étroites de terre, des rivages bas, partout ouverts, des bancs de polypiers qui rasent les flots, des îles lagouns, des récifs annulaires livrent leurs habitants. L'homme a le sentiment qu'il est trahi par la nature, cela achève de lui ôter le cœur.

Quel est le fond de l'homme sauvage? L'orgueil; et qu'est-ce que l'orgueil pour lui? le sentiment d'un être qui n'a pas encore connu sa limite. Il se croit souverain de tout ce qu'il voit; la forêt inextricable est à lui; l'Océan est à lui. Quand ce sentiment qui soutenait l'homme est entamé, l'homme s'écroule. La hache a atteint le cœur du chêne; il tombe.

Si l'homme cultivé rencontrait un jour sur la

terre, au coin d'une forêt, un être semblable à lui, et pourtant infiniment supérieur à lui, il pourrait bien lui faire fête au premier moment et même l'adorer. Mais le lendemain, il en mourrait de dépit ou de peur.

CHAPITRE X.

OÙ EST LE REMÈDE ? — EFFETS D'UN BRUSQUE CHANGEMENT DE TEMPÉRATURE CIVILE. — ÉTOUFFEMENT DES HOMMES ROUGES PAR LES HOMMES PALES. — POURQUOI ET COMMENT DISPARAISSENT CERTAINES ESPÈCES A CERTAINES ÉPOQUES. — CRISE DE CROISSANCE ; CRISE DE DOULEUR. — NOUVEL ÉLÉMENT DE CRITIQUE. — PLAINTE DES RACES QUI S'ÉTEIGNENT.

Vous arrivez dans une île (1) et vous dites aux indigènes : J'ai acheté votre île, retirez-vous. Ils obéissent, et vous êtes persuadés qu'ils ont gagné au change. Car ils sont mieux nourris, mieux vêtus. Vous leur avez vendu à bas prix, de la farine, du riz, des pommes de terre ; vous leur avez même abandonné généreusement quelques haillons ; et habitués, comme vous l'êtes, à ne

(1) V. Sproat. *Mémoire sur les Indiens de l'île Vancouver*, 1868.

tenir compte que des besoins physiques, vous les estimez très-heureux. Mieux nourris, mieux vêtus, que pourrait-il leur manquer?

Cependant, l'année ne se passe pas que les hommes rouges, au milieu de tout ce comfort, sont pris d'un mal qui jusqu'ici nous est incompréhensible. Le premier effet est de changer en horreur l'instinct d'adoration qu'ils avaient eu d'abord pour les hommes pâles. Ils voudraient les fuir, et ils ne le peuvent.

Le second symptôme est un découragement profond. Ils attachent des regards sinistres sur tout ce qu'ils rencontrent dans la mer de Corail, sur leurs atolls, leurs moraïs, puis, sans blessure apparente, sans mal visible, ils meurent; chose plus étrange, ce sont les jeunes filles qui sont frappées les premières, comme dans la famille de Niobé.

C'est l'eau-de-vie, dites-vous; il n'y a pas d'autre cause à ce mal que la contagion de l'ivresse.

A merveille. Après quoi, ne comptons pour rien le travail sourd d'une pensée, l'agonie morale, la décomposition d'une âme, la mort de l'esprit de toute une race. Avec tant de lumières matérielles, restons aveugles à cette tragédie réelle, à cette angoisse, à cet étouffement des hommes rouges en présence des hommes pâles, sur une surface du globe qui égale trois fois la surface de l'Europe.

Quoi! n'avaient-ils pas tout gagné à la peine que nous avons prise de les découvrir? N'était-ce pas pour eux qu'était le profit? S'ils mouraient, c'est qu'ils abusaient de nos dons. Que n'étaient-ils sobres comme nous? Mais ils s'enivraient à notre coupe. Nous leur avons apporté l'abondance. Qu'ils apprennent à en jouir sagement, modérément, comme nous ; et ils vivront.

Voilà tout ce que notre sagesse a su nous inspirer depuis un siècle ; et en dépit de ces avertissements de l'art de bien vivre, les hommes de l'âge de pierre, dispersés dans les îles, ont continué de disparaître et de s'éteindre, si bien que nous savons aujourd'hui, au juste, le nombre des années, après lesquelles il n'en restera plus un seul.

Le moyen, en effet, de concevoir qu'une cargaison de farine, de riz, de pommes de terre, ne compense pas au centuple pour les hommes jaunes ou rouges la perte de ce monde océanien qui leur appartenait en propre. Ils étaient les rois de l'immensité; les voilà devenus en un jour, les portefaix, ou au moins les parasites du premier Européen qui débarque sur leurs atolls; et nous n'imaginons pas qu'un si prodigieux changement de destinée soit, pour eux, le désespoir, et que le désespoir produise la mort.

Patience! dit-on. Nous ne nous occupons pas assez des sauvages. — Vraiment? Tout au contraire, je m'imagine que nous nous en occupons trop. C'est notre regard qui les tue. Éloignez-vous. Qu'ils retrouvent, dans un seul lieu, leurs solitudes océaniennes; qu'ils se croient un seul jour les souverains des mers, sur leurs pirogues, et ils seront sauvés.

Ne plus attendre l'homme pâle, ne plus vivre dans l'inquiétude perpétuelle de le voir apparaître, c'est là le premier remède; c'est aussi l'unique; et qui y a pensé jusqu'à ce jour?

Ne vous êtes-vous jamais trouvés dans un monde hostile, étranger, où il vous faut cacher tout ce qui se passe en vous, taire tout ce que vous pensez, oublier votre nature, vos souvenirs, vos parents, votre légende (et chacun a la sienne)? Ne savez-vous pas comme l'air devient pesant, comme la respiration est haletante, comme la vie est à charge? Si cela se prolongeait, elle serait impossible. Un soldat français des plus braves, que je rencontrai sur un rivage désert de Morée, me disait : « Monsieur, si l'on voulait me couper un bras et me ramener en France, je me croirais le plus heureux des hommes. » Voilà l'homme civilisé rejeté dans la barbarie, il en meurt. Le sauvage jeté dans la civilisation en meurt cent fois plus vite encore.

Pour moi, sans sortir d'Europe, je vois telle forme de société où il me serait impossible, tel que je suis, de respirer. Cela m'aide à comprendre le mal des Polynésiens, et aussi, je le crois, le seul remède à leur agonie.

Les nations Polynésiennes étaient comme un collier suspendu, d'île en île, à travers la mer de Corail. Le collier s'est dénoué; les perles se sont perdues; bientôt il ne restera de ces nations qu'une plainte vague de l'abîme, un chant populaire, une lamentation, puis enfin quelques mots d'une langue morte qui passeront dans la langue des Européens. Les érudits futurs chercheront à reconstruire avec ces mots épars, l'existence, le caractère, l'histoire de cette race que nous aurons condamnée à périr, sans avoir rien tenté pour la sauver.

Ceci me fait penser que les époques les plus tristes pour une race, ne sont pas celles où l'homme a vécu dans la plus grande misère. Ce sont bien plutôt les temps où les peuples ont passé brusquement d'un âge à un autre âge. Même s'ils ont survécu à ces époques de croissance, ils ont fait entendre des plaintes étranges, toutes les fois qu'ils ont passé brusquement d'une température civile à une autre. Nous avons peine aujourd'hui à nous expliquer de tels accents de douleur, parce que nous ne savons plus y reconnaître la disparition d'un monde.

A ce point de vue, le cri déchirant de Job qui a traversé les siècles, répond à un mal de ce genre; sans aucun doute, ce serait là le meilleur des indices pour marquer l'époque à laquelle il appartient. Chacun des prophètes hébreux répond à un de ces violents changements d'état.

D'où vient la sérénité des Grecs? De ce qu'ils sont restés enfants; ils ont subi moins qu'aucun autre peuple les crises du passage d'un tempérament, d'un âge du monde à un autre âge?

Ne sentez-vous pas, au contraire, dans la

mélancolie de Virgile, la plainte d'une espèce qui s'éteint? Tout l'ancien monde italique, latin, sabin, se voit périr et gémit dans l'âme du poëte. Abîme caché sous la pourpre.

Nous-mêmes nous avons vu le moyen âge achever de s'éteindre et nos oreilles sont encore pleines des lamentations que ce naufrage a tirées des poëtes au commencement de ce siècle. Quelque chose se meurt, semblait dire chacun d'eux; la lamentation a redoublé de Chateaubriand à Byron jusqu'à ce que les cœurs se soient endurcis et qu'ils se soient faits au monde nouveau. Alors cette poésie de deuil a cessé d'être comprise.

Age de pierre, âge de bronze, de fer, ou d'argent. Le passage de l'un à l'autre ne peut se faire sans douleur. Il y a pour chaque peuple, comme dans la vie de chaque homme, une crise, une mue dans le passage de l'enfance à l'adolescence, à la jeunesse, à la maturité. Beaucoup y périssent. Les Polynésiens semblent incapables de franchir l'intervalle de l'enfance à la maturité sociale, de l'âge de pierre à l'âge d'argent.

FIN DU TOME PREMIER.

TABLE

DU TOME PREMIER

Pages.

PRÉFACE... I

LIVRE PREMIER.

L'ESPRIT NOUVEAU DANS LES SCIENCES
DE LA NATURE.

CHAPITRE I. — Histoire des Alpes. — Premières impressions des âges géologiques................. 4

CHAP. II. — Le grand expliqué par le petit........ 8

CHAP. III. — Décadence des Alpes................ 15

CHAP. IV. — Comment les montagnes réfutent les dieux oisifs d'Épicure ? — En quoi les méthodes géologiques peuvent servir aux historiens ?...... 23

CHAP. V. — Une heure de trouble dans la science. — L'esprit de critique appliqué à la chronologie de la terre.................................... 27

Chap. VI. — Ce que la nature a de nouveau à dire à l'homme. — Application aux arts............... 33

Chap. VII. — L'esprit historique appliqué au monde végétal................................. 42

Chap. VIII. — Le naturaliste de nos jours.......... 50

Chap. IX. — Que produirait la méthode de la géologie appliquée à l'histoire et réciproquement ? — Imperfection de la langue de la géologie. — Comment les anciens auraient nommé les âges géologiques ?................................. 57

LIVRE DEUXIÈME.

LA QUESTION DE NOTRE SIÈCLE. — ORIGINE DES ÊTRES ORGANISÉS.

Chapitre I. — Confession d'un esprit à la recherche de la science nouvelle. — Que devient l'homme en face des âges géologiques ? — Nécessité d'une nouvelle conception du Créateur et de la création.... 67

Chap. II. — Nouveau doute méthodique. — Si la poésie peut servir d'induction à la science. — Première lueur. — Une hypothèse. — Comment se succèdent les formes dans l'histoire civile ? — Les flores et les faunes historiques. — Le Verbe de la nature comparé au Verbe de l'homme.......... 77

Chap. III. — Différence de l'historien et du naturaliste. — La science nouvelle engendre une ignorance nouvelle. — Première station de l'esprit humain à la recherche des origines. — Tentation de notre siècle................................. 86

Chap. IV. — Comment la nature et la philosophie ont été brouillées? — Nécessité de les réconcilier.   90

Chap. V. — Révélation des créations antérieures. — Découverte du monde fossile, comparée à la découverte du mouvement de la terre. — Conséquences qui s'ensuivront. — Les royautés successives dans les règnes organiques. — Que sont les passions de l'homme? — Qu'est-ce que la réminiscence de Platon? — Comment l'esprit peut se donner des ailes.................................   97

Chap. VI. — Quel a été sur l'esprit humain le premier effet de la découverte des créations antérieures. — Changement dans la conception de la vie et de la mort..............................   107

Chap. VII. — Impression qu'un être immortel recevrait de la succession des êtres sur la terre. — Les leçons du Centaure..........................   112

LIVRE TROISIÈME.

LA NOUVELLE GENÈSE.

Chapitre I. — Première leçon que la nature donne à l'homme. — Les êtres microscopiques. — Si la nature a commencé par le grand ou par le petit. — Époque primaire. — Quel était alors le roi de la création. — La nature aveugle. — Formation de l'organe de la vision. — Le premier œil ouvert......   123

Chap. II. — Seconde journée. — La forêt carbonifère. — Ses habitants. — Si le monde a commencé par la vieillesse..............................   130

Pages.

CHAP. III. — Époque secondaire. — Règne des Ammonites. — Premier défi à l'intelligence humaine. — Si le temps suffit pour changer la forme des êtres. — Comment la nature passe du petit au grand.... 135

CHAP. IV. — Que les flores et les faunes sont l'expression vivante des divers âges du globe. — Règne des reptiles. — A quel monde sont-ils conformes ? — De la chronologie de l'Éternel................ 141

CHAP. V. — Les reptiles. — Leur rapport avec le monde secondaire. — Que les révolutions du globe se réfléchissent dans le monde organisé.......... 149

CHAP. VI. — Tableau de la mer jurassique — Comment l'homme peut faire revivre devant lui tel ou tel âge du monde. — Faune insulaire............ 156

CHAP. VII. — Pourquoi le type des mammifères a été lent à se développer ? — Comment concevoir l'apparition des grands mammifères ? — Pourquoi les mers jurassiques et crétacées n'ont pu produire des types absolument nouveaux. — Comment le sceau insulaire a été imprimé sur la faune jurassique. 166

LIVRE QUATRIÈME.

LA NOUVELLE GENÈSE.

CHAPITRE I. — Première aube du monde actuel. — Comment le sceau continental pouvait-il s'imprimer sur les êtres organisés ? — Faune continentale. — Tableau de l'Europe à l'époque tertiaire....... 175

TABLE. 371

Pages.

CHAP. II. — En quoi la faune tertiaire porte le sceau de l'époque tertiaire du globe? — Que les changements de civilisation sont pour l'homme ce que les changements de flore et de faune sont pour la nature. — Analogie............................ 180

CHAP. III. — Explication des migrations. — Apparition de l'oiseau. — Formation de l'aile. — A quelle époque du monde elle répond. 192

CHAP. IV. — Les espèces prophétiques. — Loi des révolutions dans les flores et dans les faunes..... 195

CHAP. V. — Tableau de la forêt tertiaire. — Le seuil de la création actuelle........................ 200

CHAP. VI. — Dernière forme de la terre. — Soulèvement des montagnes. — Permanence ou instabilité des espèces. — Comment la révolution nouvelle s'empreint sur l'homme. — Qu'arriverait-il des faunes actuelles, si le globe changeait?......... 206

CHAP. VII. — Comment les faunes américaines et océaniennes confirment les lois établies précédemment...................................... 215

CHAP. VIII. — Des centres spécifiques de création. — N'y a-t-il eu qu'un Éden?..................... 220

LIVRE CINQUIÈME.

LA BIBLE DE LA NATURE.

CHAPITRE I. — Le monde des insectes. — Histoire de l'insecte à travers les âges géologiques. — Sa permanence. — Quelle est sa signification. — Un sentiment nouveau de la nature vivante.......... 225

Chap. II. — L'insecte dans les époques du monde primaire et secondaire.......................... 235

Chap. III. — L'insecte dans l'époque tertiaire. — Apparition de la fleur. — Effets de la révolution florale sur l'insecte................................ 241

Chap. IV. — Les insectes floraux............... 245

Chap. V. — L'instinct des animaux dans ses rapports avec les révolutions du globe. — En quoi certains instincts répondent à des époques antérieures à la nôtre...................................... 252

Chap. VI. — Explication des mœurs des abeilles et des fourmis actuelles, par les abeilles et les fourmis fossiles. — L'homme impuissant à changer les mœurs de l'insecte.......................... 262

LIVRE SIXIÈME.

LE SINGE ET L'HOMME.

Chapitre I. — Apparition de l'homme. — Où a-t-il paru d'abord? — L'homme montagnard. — Qu'est-ce qui sépare l'homme du singe? — Explication des longs bras du singe à forme humaine. — Le gibbon dans la forêt tertiaire. — En quoi conforme au monde miocène..................... 277

Chap. II. — D'où vient l'homme? Preuves nouvelles de sa ressemblance avec le singe. — Question nouvelle qui en résulte. — Comment la résoudre ? — De l'ancêtre commun......................... 288

Chap. III. — Unité ou pluralité des origines de l'espèce humaine........................... 294

Chap. IV. — Conclusion. — Quand la science se tait, c'est à la poésie de parler.—L'Adam tertiaire. — L'Adam de la Bible. — Le Caliban de Shakespeare........................... 302

Chap. V. — L'homme n'a pu naître dans une île.— Loi générale de la succession des faunes. — Du rapport des grands mammifères avec la formation des continents. — Mammifères tertiaires. — Que faut-il en conclure pour les continents de cette époque? — Quelle est la cause de la diminution de taille des mammifères d'Amérique?— L'homme fait exception. — Pourquoi?..................... 310

Chap. VI. — L'homme et les grands vertébrés de la faune quaternaire. — Réponse à une question du xviiie siècle. — Première lutte de l'homme et des carnassiers. — Psychologie de l'homme quaternaire. — Première formation des sociétés. — Pourquoi l'enfance de l'espèce humaine a été prolongée si longtemps........................... 325

Chap. VII. — Psychologie de l'homme fossile. — Comment l'esprit intérieur a modelé les crânes.... 332

Chap. VIII. — Le règne humain. — Embarras du naturaliste à l'apparition de l'homme. — Caractère essentiel oublié dans les définitions de l'homme. — A quel rang le placer? — La locomotion dans le temps. —Une imperfection de la science. — Comment l'homme résume en lui les époques de la nature vivante........................... 335

Chap. IX. — Mort d'une race humaine. — Effets d'un brusque passage d'un âge du monde à un autre âge dans la même race........................... 350

CHAP. X. — Où est le remède? — Effets d'un brusque changement de température civile. — Étouffement des hommes rouges par les hommes pâles. — Pourquoi et comment disparaissent certaines espèces à certaines époques. — Crise de croissance. — Crise de douleur. — Nouvel élément de critique. — Plainte des races qui s'éteignent.................. 359

FIN DE LA TABLE DU TOME PREMIER.

Imprimerie L. TOINON et Cᵉ, à Saint-Germain.